美术教育的实践研究

黄志明 著

吉林摄影出版社
·长春·

图书在版编目（CIP）数据

美术教育的实践研究 / 黄志明著. -- 长春：吉林摄影出版社，2023.12

ISBN 978-7-5498-6107-1

Ⅰ．①美… Ⅱ．①黄… Ⅲ．①美术课－教学研究－中小学 Ⅳ．①G633.955.2

中国国家版本馆CIP数据核字（2023）第256354号

美术教育的实践研究
MEISHU JIAOYU DE SHIJIAN YANJIU

著　　者	黄志明
出 版 人	车　强
责任编辑	李　彬　樊　华
封面设计	文　亮
开　　本	787毫米×1092毫米　1/16
字　　数	220千字
印　　张	10
版　　次	2023年12月第1版
印　　次	2023年12月第1次印刷

出　　版	吉林摄影出版社
发　　行	吉林摄影出版社
地　　址	长春市净月高新技术开发区福祉大路5788号
	邮编：130118
网　　址	www.jlsycbs.net
电　　话	总编办：0431-81629821
	发行科：0431-81629829
印　　刷	河北创联印刷有限公司

书　　号　ISBN 978-7-5498-6107-1　　　　定　价：76.00元

版权所有　　侵权必究

前　言

美术是一种用视觉的方式进行思想和情感交流的特殊语言。美术教育维系着美术文化兴衰的历史，承担着文化传承的责任。在现代教育中，美术教育是感性教育的重要手段之一，是培养人的视觉感受能力、自我认同和自我表现能力、想象力和创造力等体智力素质的重要手段。美术教育在培养社会需要的身心健康、全面发展的人为目标的素质教育中具有独特而不可替代的作用。

美术课是义务教育阶段和普通高中阶段的一门文化基础课程，担负着对中小学生进行美育和培养综合素质的重任，是中小学课程体系的重要组成部分，是进行审美教育的主要途径。在推进素质教育的进程中，越来越多的人认识到美术教育在提高和完善人的素质方面具有独特的作用。通过美术课对学生进行系统的集中的审美教育，在义务教育阶段可以提高学生的审美能力，陶冶学生的情操；引导学生参与文化的传承交流；发展学生的感知能力和形象思维能力；形成学生的创新精神和技术意识；促进学生的个性形成和全面发展。在普通高中阶段可以陶冶审美情操，提高生活品质；了解美术文化，形成人文素养；激发创新精神，增强实践能力；调节心理状态，促进身心健康；拓宽发展空间，帮助规划人生等。

总之，实施美术课程教学对学生的成长有着重要的价值。美术教学在进行美育的同时，也促进了学生德育、智育、体育各方面的发展，在贯彻"让学生成为有理想、有文化、有纪律、有道德的现代化建设者和接班人"的教育方针中具有积极的作用和重要的意义。

由于笔者水平有限，本书难免存在不妥甚至谬误之处，敬请广大学界同人与读者朋友批评指正。

目 录

第一章　中小学美术课教学研究……………………………………1
　　第一节　中小学美术教学的原则……………………………………1
　　第二节　美术教学方法………………………………………………11
　　第三节　中小学美术课堂教学的基本环节…………………………22
　　第四节　美术教学过程………………………………………………34

第二章　美术创意教学及其反思……………………………………42
　　第一节　美术创意教学的问题及反思………………………………42
　　第二节　手工创意教学探索…………………………………………48

第三章　美术教学中的作品与作业…………………………………57
　　第一节　美术教科书中作品与作业的编写演变……………………58
　　第二节　美术教学中作品与作业的辨析及反思……………………63
　　第三节　课堂作业不是要求学生完成一件作品……………………69
　　第四节　课堂作业教学中的若干问题再探讨………………………76

第四章　中小学美术教育课程研究…………………………………85
　　第一节　美术课程的概念……………………………………………85
　　第二节　美术课程的基本原则………………………………………87
　　第三节　美术课程中的师生关系分析………………………………93

第四节　美术课程的教学模式……………………………………96

　　第五节　美术课程的教学过程……………………………………108

第五章　民间美术和新媒体在美术教育课程中的应用…………125

　　第一节　民间美术在现代美术教育中的应用……………………125

　　第二节　新媒体在美术课程中的应用……………………………132

第六章　中小学美术课外活动的开展………………………………135

　　第一节　中小学美术课外活动的定义和相关理念………………135

　　第二节　中小学美术课外活动的组织与辅导……………………137

　　第三节　中小学美术课外活动的教学与实施……………………143

参考文献…………………………………………………………………152

第一章　中小学美术课教学研究

第一节　中小学美术教学的原则

美术教学原则是美术教学的一个重要问题，它是根据美术教育目的、教学目标和教学过程的规律，为指导美术教学工作而提出来的，是美术教师在教学工作中必须遵守的基本要求。制定中小学美术教学原则的基本前提是了解中小学美术教学的情况，探究中小学美术教学的特点，这是展开思考、认识教学规律的起点。

一、中小学美术教学的特点

中小学美术教学属于学校教育体系，它既有学校教育科目的共性，也有自己的独特个性，这是制订中小学美术教学原则的基础与前提。为适合师范美术院校学生的学习，我们将中小学美术教学的基本特点做以下归纳：

（一）形象思维的自主性

中小学美术教学的特点决定了对美术作品的欣赏、美术造型语言的学习与掌握等，没有恒定不变的标准。它不同于数、理、化的公式，它是通过教师的讲解、辅导，借助于学生自己的独立思考与操作等，才能理解美术作品的含义和造型语言的运用。例如，对一幅美术作品的欣赏，即使都是同一个教师的讲解，每个学生的欣赏结果也是不同的。造型语言也是一样，面对同一描绘对象，不同的同学表现的画面是不会相同的。教师在实施美术教学过程中必须清楚这个基本特点，才可能因人施教，培养学生的个性。

（二）技能活动的实践性

中小学美术教学内容的特殊性决定了美术学习必须眼、脑、手并用。美术课是一门实践性特别强的技术课，无论是平面或空间技能训练都离不开动手。美术教学观念的转变，改变了传统教学中的"技法中心论"，但美术教学还是不能没有技法训练，而这种技法训练就是既动脑又动手。尤其是在第一、第二学段，美术教学动手训练能有效地促进脑力发展，因而在这些学段倡导训练与游戏相结合。在第三、第四学段，学生的思维能力有了很大的提高，但美术课的特点决定了动手实践还是不可缺少的。例如，当学生领会了动漫卡通的造型方法和步骤之后，要想把动漫卡通画画好，就必须不断地思考、临摹和写生，只有通过这种连续不断地实践和总结，才能掌握动漫卡通的表现方法，获得造型能力。

（三）创造性思维的特殊性

中小学美术教学特别注重创造性思维能力的培养。创造性思维是一种具有开创意义的思维活动，在美术教学的各个学习领域中，我们都要注意开阔学生的想象力和创造精神。但是，在中小学美术教学中，创造性思维能力的培养并没有固定的模式，学生可以按自己的生活经验和知识状况做自由发挥。当某种课程要求有一定的规范，可能与学生创造性思维发生矛盾时，我们应要求学生既能按教师的启发去思考，又尽可能发挥他们自己的想象力。这一点我们应充分估计到，否则会影响学生创造性思维的提高。

（四）个体操作与集体教学的矛盾性

学生是参加美术教学活动的个体，他们来自不同的家庭、社会环境，每个人对美术的兴趣、爱好程度差异较大，整个班级学生的美术学习水平呈现出较多的不同；而课堂教学设计原则上又应该以集体教学为主，对全班学生都要有一定的统一要求和规定，这就自然产生个性操作与集体教学的矛盾。这一特点提醒教师，在课程安排和设计上，要充分考虑到个体差异和集体教学的关系，使所有的同学在美术教学大环境中均能获得发展。

二、中小学美术教学的原则

把握美术教学的特点是制定美术教学原则的基础。所谓教学原则，是根据一定的教学目标、任务，遵循教学过程的规律而制订的对教学的基本要求，是指导教学活动的一般原理。而美术教学原则是美术教学活动必须遵循的准则，是指导美术教学的基本原理。它是根据美术教育学的理论，美术教学的目标、任务，教学过程及教学活动规律而提出的，是在总结教学实践的基础上制定出来的。当前，我们在中小学美术教学中综合归纳出如下几项原则：

（一）整体性原则

美术教学整体性原则体现两方面含义：一是指教学所承担的任务具有整体性，即实现学校教育的整体目标，培养合格的人才；二是指教学活动本身具有整体性，美术教学是由一系列教学要素构成的一个完整系统，这就要求美术教师在教学中必须协调好教学诸要素之间的关系，使各种教学要素有机配合起来，在共同完成美术教学目标的过程中产生良好的整体作用。

中小学美术教学中贯彻整体性原则的要求是：

1. 实现审美教育与素质教育的统一

审美教育是指在引导学生掌握美术知识文化时必须突出审美要求；素质教育是指合理地结合课程内容，把握课程标准要求对学生进行综合性教育。通过精心设计、合理安排，有效地协调二者的关系，使学生树立正确的审美观，具有辨别美与丑的能力。

2. 实现传授美术知识与发展学生智能的统一

美术知识与智能之间既有密切联系又有明显区别。在教学中注意扩大学生的知识面，才能发展学生的智力。所以美术教师在组织教学时，既要注重知识的质，还要保证知识的量。在教学方法上，既要引起学生积极探求的兴趣，又要训练学生动脑和动手的能力。力求教学方法多样化，让学生多种感官同时作用，多渠道、多形式地接受和加工信息，使掌握知识和发展智能结合起来。

3. 实现美术教学诸要素的有机配合

教学活动是教师和学生共同参与的活动，是使学生掌握知识，形成技能技巧和促进身心发展的活动。在教学活动中，教师、学生、教学目的、教学内容、教学方法、教学手段及教学环境等是不可缺少的基本要素。因此，美术教师在教学过程中，必须明确教学任务，精通教材，了解学生，熟悉各种教学方法、教学手段和教学环境，善于处理各种教学要素间的关系，使它们在完成具体教学目标的过程中有机配合，保证美术教学活动获得最佳效益。

（二）目标性原则

美术教学的目标性原则是指在美术教学活动中，教师必须深刻理解和领会中小学美术课程目标，确定中小学美术教学的目标体系，对学习领域的各级教学目标要做到心中有数，要求按照中小学美术课程标准的原则设计教学，有计划有步骤地实施教学、评价教学，那种随机性的漫无目标的教学状态是违背目标性美术教学原则的。当前有人认为，为了体现素质教育精神，美术教学不能设立固定的教学目标，特别是技术与技能的目标，教学只重活动、美术只是过程，美术教学的价值只体现在活动与过程中等。这样的观念我们是不能赞同的，我们认为中小学美术教学不仅仅是游戏或活动，这些只不过是教学的外在形式，教学其实是一项严谨、严密的艺术劳动，它的价值完全依赖于精心设计的教学目标的达成而体现。随意的教学选择与活动只不过是不负责任的表现。

中小学美术教学中贯彻目标性原则的要求如下：

1. 备课时要确定明确的教学目标

教学目标应全面而具体，防止教学目标的笼统化、一般化、形式化。

2. 教学中要让学生明确教师的教学目标

采用适当的方式使学生了解学习所应达到的目标，有利于排除各种干扰，调动学生的自觉性，有利于组织、调节和控制整个教学过程，保证教学任务的顺利完成。

（三）直观性原则

美术教学的直观性原则是由造型艺术特点决定的。虽然其他学科也提倡直观性原则，比如教师们总是借助辅助性画面来帮助学生理解课文，但美术教学更重视运用视觉形象。直观性原则利于从直觉感知升华到本质的认识，通过直接观察感受，使学生获得知识。

中小学美术教学中贯彻直观性原则的要求如下：

1. 语言表达的形象性

美术虽为造型艺术，但在教学中还是离不开语言的表达。因此，在授课表达中应尽可能运用形象性语言，并力求使表达的内容形象化，给学生以直观的感觉。

中小学生的抽象思维能力比较薄弱，对语言表达的内容往往不大容易理解，如果我们不注意教学语言的形象性，就很难让学生听明白。比如，在讲授透视原理时，我们提出"近大远小"的概念时，学生可能还很糊涂。为此，我们可用道路及两旁的电线杆作为直观性的形象来举例，电线杆的高度本来一样，但是当我们站在路的一端向远处望去时，我们便觉得道路两旁的电线杆越变越小，在路的尽头会合为一点。为什么会这样？这就是"近大远小"的透视作用。通过教师直观形象的启发，学生很快明白了透视的原理，这就是利用生活中的景物帮助学生直观性地理解抽象问题。

2. 直观教具的制作和运用

直观性教具在各科教学中都必须运用，但美术教学运用得更为直接广泛。它包括课件、范画、图表、模型、幻灯片、录像等各种影像资料以及其他辅助教具等。通过这些直观性教具的运用，将会使一些抽象又难懂的知识具体化、形象化和简单化。在美术教学中，有许多问题，如用语言表达便显得十分复杂，但通过直观性的图像或教具来反映便十分简单与清晰，这就是直观性的优势。例如，我们在讲素描五大调子时，如果用个学生常见的篮球，放在强光下或者在阳光下照射，在篮球上清楚地呈现出五个调子，教师逐一分析，学生就会很快明白素描五大调子是怎么回事，既形象又直观。直观性教具确实给我们提供了更多的便利。

3. 美术教学示范

这是美术技能教学中最常用也最见效果的教学方法，尤其是在低年级美术教学中运用更广泛。中小学美术教学中有许多难以表述的东西，特别是技能和技法方面的教学内容，要求学生如何做、做到什么程度等，有时很难用语言迅速讲清楚，但通过示范便能形象直观地解决问题。例如，在水彩画教学中，颜色的调和变化不容易讲清楚，但经教师略做示范后学生就一目了然了。如果没有示范，任凭教师如何细讲精讲，学生也很难迅速有效地了解其中的丰富变化。

由此可见，运用直观性的教学方式，能增加教学信息、加快教学节奏，有效地提高教学效率。

（四）启发创造性原则

启发创造性原则是指教师在美术教学中运用有效的教学方式，最大限度地调动学生美术学习的积极性和自觉性，激发他们的创造性思维，从而使学生在融会贯通地掌握知识的同时，充分发展自己的创造性能力与创造性人格。美术教学不仅要给学生传授相应的知识、技能和技巧，还要促进学生的智力、意志、情感及创造力的发展。教师在教学中要注重启发学生积极思考，促使他们自己提出问题、分析问题和解决问题。常言道："艺术的本质就是创造。"美术属于艺术的范畴，因而在美术教学中十分注重培养学生的创造能力。

中小学美术教学中贯彻启发创造原则的要求如下：

1. 激发和培养学生的学习动机

学习动机是学生内在的学习需求，学生学习的积极性和自觉性都是学习动机的外在表现。所以激发和培养学生的学习动机是进行启发式教学的首要要求。美术的形象性是很容易激发学生兴趣的，我们只要把学习活动安排考虑周到，学生就会产生兴趣，进而强化学习动机。这就要求美术教师在选择教学内容、运用教学方法、把握教学艺术等各方面，都要注意启发学生的学习兴趣。

2. 全面规划教学任务，培养学生思维能力

启发创造原则要求我们，在教学过程中教师不能单纯地向学生传授知识，而要全面规划教学任务，培养思维能力。根据心理学研究，衡量一个人的思维能力如何，可以思维的广阔性、独立性、深刻性、灵活性、敏捷性等方面的发展水平作为标志。思维的这几方面的品质是相互联系而又互相促进的。因此，美术教师要善于引导，利用美术学科的特殊性，力求在美术教学中发展学生的思维能力。

3. 设立问题情境，引导学生积极思考

学生的积极思考常常是从遇到问题开始的，教师应给学生创造独立思考的条件，把教学过程组织成不断提出问题、分析问题、解决问题的过程。为此，美术教师要根据课程特点和学生实际，不断提出难易适度、环环相扣的问题，引导学生积极思考。例如，素描中的明暗交界线是学生比较难以理解的概念，教师可以事先准备衬布、石膏球体，设计相应的问题等，创造问题情境。在

教学中，当光线直接照射在球面上时，可将球体分为黑白两部分，再根据照射的情况展开系列问题的问答和讨论，在教师的启发下，通过学生的积极思考，可轻松领会和解决看似十分困难的知识或问题。

（五）愉悦性原则

愉悦性原则就是指在组织中小学美术教学时，要对学习内容进行选择，对学习过程进行合理设计，让学生感到参与教学活动是一件有趣和愉快的事情。

能唤起美术学习兴趣和愉悦感的具体方法有：①在美术教学中设置与美术教学内容相符的有趣情景、让学生对学习内容产生好奇心和求知的欲望；②预先设置有趣的活动、新颖的情境、新鲜的活动素材和方式等，提出初步方案，让学生自行讨论，以激发愉悦；③教师借助巧妙的讲述或是视听教具，使学生在获取知识的同时获得视听的享受，并营造生动活泼的教学局面；④把新的教学内容与有趣的活动相融合，用丰富多彩的形式表现出来，让学生在积极参与中自觉与日常生活的实际相联系，在愉快的活动中学到新知识和技能；⑤将新课题同过去的学习经验特别是有趣的学习经历相结合，让中小学美术教学成为一个不断积累愉悦和自信的过程；⑥在教师的引导下，利用分组合作的学习形式，使学生有共同学习、共同攻克难关的伙伴，减轻他们的学习压力和恐惧感，增加他们的学习信心，学生有了信心自然就有了学习兴趣，自然就会产生学习的愉悦感。

美术教学中贯彻愉悦性原则的要求如下：

1.愉悦性原则的应用必须以民主合作的师生关系和民主平等教学气氛为前提，允许学生发表不同的意见，有不同的结论，有保留自己的意见的权利；也允许学生在创作中出现个性化的、奇特甚至是荒诞的表现或手法，保持宽容的审美态度。

2.愉悦性原则的应用应避免走向为了"兴趣而兴趣"的极端。有些教师在教学中一味地强调教学活动的兴趣，而忽略了教学的整体目标，使教学活动出现松散而没有计划的现象。

（六）灵活施教原则

灵活施教原则是指教师从学生身心发展规律和教学过程的辩证发展特点

出发，结合本土教材、本土文化、本班学生实际，根据教学对象、教学情境、教学条件的不同，机智灵活地进行教学，谋求最佳效果。

中小学美术教学中贯彻灵活施教原则的要求是：

1. 因材施教

每个学生都有不同的社会、家庭、文化等背景，自然就会产生文化基础、素质修养、智商能力等差异。学生对美术的认识有先后、深浅，就产生对美术的理解和领悟的不同。美术教师要充分了解、掌握班级之间的差异和学生间的差异，做到把握尺度，区别对待，开发每位学生的潜能，使学生的身心得到充分的发展。在美术教学中因材施教显得格外重要。

2. 适时而教

适时而教指美术教师在教学中善于抓住某个教学环节或某个教学点的最佳时机，适时而教，促成教学成功，取得事半功倍的最好效果；反之抓不住最佳时机则会事倍功半，甚至失败。教学时机要靠教师凭自己的经验、机智准确地去把握。

3. 因势随教

美术教学过程中有时会出现顺势或逆势，是一个动态、变化、发展的过程。美术教师要敏于体察、精于测析，善于把握、巧于转化，随机应变、因势利导，通过点拨的艺术，促使学生在知识、技能、情感、态度等方面朝着健康的方向发展。

（七）精讲善练原则

精讲善练原则要求教师的"讲"尽可能精练，以保证学生能有时间"练"。由于美术教学的时间有限，因此"善练"就成了美术学习的关键。"精讲善练"是中小学美术教学实际的反映，体现了美术教学的重要特点。教师的讲述要"精练"，不必啰嗦，要留有想象的空间，让学生去思考去发挥，留些问题让学生去讨论、分析或联系实际操作，这样可以使学习更主动，教学节奏更鲜明，教学效果更好。在技能学习中，要给学生更多的练习机会和时间，通过练习，理解美术知识、发展能力。配合"精讲"，教师的演示也要"精到"，尽可能让学生在探索中学会学习。

中小学美术教学中贯彻精讲善练原则的要求如下：

1. 精讲善练，讲是关键

在"精讲"与"善练"这一对矛盾中，精讲是矛盾的主要方面。因为学生在接受教育前，美术方面的知识几乎空白，完全以美术教师的讲述为主导，根据美术教师传授的课程要求、方法进行训练。教师讲述得好坏，直接影响训练的效果。讲述得好的标准是概念明确，有针对性，重点突出，难点讲透，同时语言要精练、扼要。

2. 明确理论指导与实践操作的关系

美术技能训练是美术理论转化为美术技能的具体途径，学生的美术练习过程就是理解、消化美术理论、原理的过程。"讲"是"练"的前提，"练"是讲的深化。明确了这一关系，"讲"才能克服无的放矢或随意性；"练"才能克服盲目性和无所适从。

3. 要保证学生练习时教师的主导作用

"善练"的关键是学生要能按照教师讲述的目的、要求和方法进行练习。学生练习本身就是进一步落实教学要求。教师必须随时提醒学生注意，充分发挥主导作用，确保学生能充分发挥主观能动性，灵活、有创造性地完成美术练习。这里所说的落实美术教学要求，并不是要求教师压制、强迫学生一定按老师的某个方法去练习，而是根据教学要求和在美术教师所讲的方法基础上，由学生根据自己的理解有创新地进行练习，这才是真正的善练。

（八）以点带面的原则

以点带面的原则是指要注意发现和培养具有典型意义的学生，通过他们的进步影响和带动全班同学共同进步；或针对他们在美术学习中存在的问题，展开分析，以引起全体学生的注意；又或对某一作品中存在的普遍性问题，进行总结以指导全班同学。在一个四五十人的班级里上课，人数多，水平又参差不齐，要做到面面俱到很不容易。特别是在技能性课业中，各有各的问题和原因，成绩基础也有很大差别。然而，作为全体学生必修的艺术课程，却要使每一个人都得到教益，有所提高。因此，坚持以点带面的原则是必要的，它有助于实现全班的统一要求，也有利于因材施教，使基础好的能多学一点，基础差的能跟上全班的要求。

中小学美术教学中贯彻以点带面原则的要求如下：

1. 善于选择典型

选择典型可以是正面的也可以是反面的，可以是学生也可以是作品或是某一个问题，但必须具有普遍性和代表性。不应只将注意力放在成绩好的少数学生身上，要有全局观念。对成绩好的而且对美术很有兴趣的部分同学，可在课外加强美术培养，然后把他们分到班上各小组中去充当小老师的角色，协助老师辅导其他同学。典型的选择还可以年级为单位选择一个班级先行一步，以掌握一个班级对本学科各课题的反映情况，总结经验教训，推广到全年级的美术教学工作中去。

2. 辅导的针对性

在美术技能训练中，完成一项作业一般需要有几个过程，每一过程都有一定要求。应根据学生掌握这类课程可能出现的问题，提出某些注意点。教师在讲解以后的巡回辅导中，随时注意发现学生作业中的有代表性的事例，包括优秀的或不合要求的，通报全班，使全班同学注意效仿或克服。事实上作为一个四五十人的班级的教师，是完全没有时间为每一个学生做具体指导和修改的。及时地、有针对性地通报情况的办法，可以说是美术技能训练教学的主要手段。

（九）参与性原则

参与性原则是指美术教师在教学过程中，创设良好的美术学习氛围，尽可能激发学生，让他们积极主动地、全身心地参与美术欣赏和美术表现活动，从而使他们获得审美的愉悦体验，进而培养他们对美术的兴趣与爱好，提高他们的艺术审美能力。学生的美术参与是一种创造性的参与，是眼、脑、手等包含有视觉、运动觉、言语知觉、直觉等各方面官能的共同参与，而不仅仅是听觉的参与。同时，教师作为教学活动的组织者、策划者，其实也是积极的参与者。教师参与到美术教学活动中间，与学生没有任何距离，与学生共同学习、共同探讨、共同发现，乐在其中。师生之间不仅有美术知识上的授与受，而且还有心与心的情感交流。建立新型的师生关系，改变传统的学习方式等，这些也是实施参与性原则的深层意义。

中小学美术教学中贯彻参与性原则的要求如下：

1. 不要为了能让学生参与而太拘泥于刻板的程式和不变的步骤，这样反而让学生难以参与其中，因为美术教学是一种创造性的活动，而美术教学的意义是在生动、活泼、有趣的活动中得以升华的。

2. 要避免把美术教学活动变成片面追求学生的参与、追求热闹的排场，或变成只注重表面效果的游戏。

3. 作为参与者，教师应放下教师的架子，以平视的目光看待学生，尊重他们的每一个学习活动表现，努力发现其中的积极意义，及时给予肯定和鼓励。

综上所述，上述美术教学的几个基本原则是一个相互联系的统一整体，它们相辅相成、相得益彰。在贯彻这些原则时，要善于创造性地加以运用，不能孤立地运用某一原则而忽视其他原则，更不能将其相互对立起来，而应在美术教学实践中使它们相互补充、相互促进，使美术教学健康发展。

第二节　美术教学方法

美术教学方法是在一定教学思想指导下，为实现美术教学的目标，传授和掌握美术教材，利用一定教学手段，师生相互作用的活动方式的综合。教学方法在教学活动中具有重要的作用。因此，掌握科学的美术教学方法是一个美术教师必须具备的条件之一。它不仅对提高美术教学质量和教学效益有重要意义，而且关系到学生德、智、体、美的全面发展。

一、美术教学方法的基本状况

美术教学方法是随着美术教学活动的出现而逐渐发展起来的。人类早期的美术教学通常选择师父带徒弟式的个别教学，主要运用讲授、模仿等教学方法。在长期的封建社会里，教学方法发展缓慢。随着科学技术的发展，资本主义社会需要培养各方面的科学技术人才，学校的课程不断增添，班级教学体制的出现，引起了教学方法的革新。一些教育家致力于青少年的心理研究和教学艺术探索，积极推行演示、观察、实验等一系列新的教学方法。20世纪以来，在科学技术迅猛发展和生产水平不断提高的形势下，社会对学校的教学提出了更高的要求。现代科学技术的进步、现代化教学手段的运用，以及生理学、心理学的新成就，为教学方法的发展提供了良好条件。近年来，国内外各级各类学校都在进行教学方法改革实验，改革的中心问题是如何更好地发挥学生在学习中的主动性和积极性，更有效地培养学生的自学能力和创造力。改革的总趋势是由传统教学方法逐渐向现代教学方法转变。现代教学方法强调要以综合的、整体的方法论为指导，这主要表现在以下两个方面：一是强调各种方法的综合作用，认为学生任何能力的培养都要由各种教学方法结合起来才能完成；二是强调各种教学方法都应体现师生共同活动的统一，认为任何教学方法都应体现教师的主导作用和学生学习的主体作用。既应有教法的要求，也应有学法的要求，而且特别强调教师要重视对学生学习方法的研究，把重点放在教会学生学习上。

教学方法是在长期的教学实践中不断地积累和发展起来的，是随着社会科学文化的不断发展而发展的。中小学美术教学从20世纪初单纯的图画课或绘画、工艺、欣赏三大课业发展到今天的四大教学领域，其课程体系、课程标准、教学内容与教学目标都有了极大的改变。可见，教学方法是受教学目标、教学内容等制约的，若教学目标与教学内容改变了，教学方法必然也会随之改进和发展。从教学对象来讲，不同时期的学生呈现不同的特征，美术教学方法也要因人而异，具有多样性。因此，任何一种教学方法都不可能包罗万象、一统全盘。目前，人们正在美术课程标准精神的指引下，积极地探索美术教学，各种具有时代特征的美术教学方法正在不断地探索和实验中。

二、美术教学方法的基本特征

美术教学方法的基本特征归纳为以下几种：

1. 实现知识、能力、思想素质三者的统一

美术教学方法不仅是为了传授美术知识，也不仅是为了提高能力或思想素质，而是要实现三者的统一。能力是指个人能胜任、完成某种活动所具有的心理特征，思想素质是一个人的行为意识、道德准则与情感、态度、价值观等方面的表现，而能力和思想素质的提升是以一定的知识为基础的，所以，教师在运用适当的教学方法，在使学生获得知识的同时也使他们的能力和思想素质得到提高。

2. 实现美术知识、教师和学生三者的统一

观察中小学美术教育实际情况，就会发现，正确的教学方法受多方面因素的制约。其实，美术教学方法不仅是美术教师讲课的方法，也不仅是中小学生美术学习的方法。作为一个完整的美术教学活动系统，它包括教师备课、授课，学生课堂学习和课外练习等一系列活动。

3. 体现静态方法和动态方法的统一

在实际教学活动中，有一些教学方法是属于静态性质的方法，如讲授美术知识概念、含义等，通常运用的是静态的方法。因为人们在运用这种方法时，是把美术知识概念、定义当作已经成形或固定的东西来看待的。在美术教学活动中，还有许多教学方法是属于动态性的。例如，所谓"发现法"教学，意即引导学生利用教师和教材所提供的有关材料，亲自去发现结论或规律而成为发现者，运用"发现"教学方法的过程就是一个动态追求的过程。美术教学要善于整合这两种方法，以期取得最佳的教学效果。

三、常用的美术教学方法及其基本要求

（一）以语言传递信息为主的方法

以语言传递信息为主的方法是指通过教师运用口头语言向学生传授美术知识、技能和学生独立阅读书面语言的教学方法。语言是交际的工具，在教学过程中是一种非常重要的认识媒体。教师和学生之间大量的信息传递是靠语言来实现的。以语言传递信息为主的方法主要有讲授法、谈话法、讨论法和读书指导法。

讲授法是教师通过语言的描述、说明和解释，系统地向学生传授美术知识的方法。讲授法包括讲述和讲解两种方式。讲述是教师向学生叙述事实材料或描绘所讲对象。如在美术欣赏与评述中，常运用这种方式。讲解是教师用恰当的语言向学生说明、解释或论证。教师在运用讲解方式时，应尽量注意结合实际，使说明、解释和论证更加直观和透彻。

讲述和讲解之间的联系十分密切。在教学中，二者往往是交叉运用，互相结合。这要求教师具备较强的语言表达能力和组织学生听讲能力。运用时要与其他教学方法如启发式、激励式等配合，灵活变换讲授的具体方式。如

果运用不当，学生的积极性、主动性可能受到压抑，甚至形成一讲到底的"满堂灌"，这将影响讲授法的效果。

谈话法又称问答法，是教师和学生以口头语言问答的方式进行教学的一种方法。美术教学中的谈话，一般是在学生已有的知识基础上进行的。如风景写生前的观察，可以进行谈话。教师应集中力量，利用学生已经积累的具体的写生概念和写生方法，使他们对观察的对象做出概括。学生通过对景物的主要特征的认识，达到正确地表现对象的目的。谈话法的优点是便于激发学生的思维活动，培养学生的独立思考能力及语言表达能力，唤起和保持学生的注意力和兴趣。教师通过谈话可直接了解学生对美术知识、技能的掌握情况，获得教学的反馈信息。

讨论法是在教师指导下，学生以全班或小组为单位，围绕美术教学的某一问题，如设计和评价以"我为'奥运'添光彩""国庆校园文化周"等为主题的美术学习活动方案，各抒己见，通过讨论或辩论，是获得知识或提升认识的一种教学方法。

运用讨论法的条件在于解决疑难或重点问题。讨论法的优点在于，由于全体学生都参加活动，可以培养合作精神，集思广益、互相启发、互相学习、取长补短，加深对学习内容的理解，还可以激发学生的学习兴趣，提高学习情绪，培养钻研问题的能力，加强学习的独立性。一般在第三、第四学段的教学中采用较多。

读书指导法是教师指导学生通过阅读获得知识，扩大美术视野的教学方法。读书指导法的特点是既强调学生的"读"，又强调教师的"导"。在实际教学中，教师指导学生阅读一般从指导阅读美术教科书开始，因为教科书是学生在学校中获得美术知识的主要来源。与此同时，教师还要指导学生阅读课外美术读物。现在各类画册、美术书刊很多，通过阅读，不仅能深化学生的课内学习，而且还能开拓美术知识领域，丰富学生的审美感知，进而发展综合素质和能力。它还是培养学生美术自学能力的重要方法。当然，教师应该指导学生作好读书计划，选好美术读物。

运用以语言传递信息为主的方法的要求如下：

讲授、谈话、讨论的内容要注意艺术性与思想性相结合，科学性、系统性与趣味性相结合。在教学中，思想性要寓于艺术性之中，要根据不同性质的教学内容和学生的实际水平，注意讲授、谈话、讨论的内容的科学性、系统性、趣味性；做到条理清楚、主次分明、重点突出、事例生动。在讲授新知识时要注意与旧知识衔接，突出难点、重点和关键的地方，由浅入深，循序渐进。

教师的语言要清晰、简练、准确、生动，并富有艺术性。师生的活动是以语言为中介的。教师语言素养的高低，直接影响着教学效果的好坏。教师要善于把教材上的书面语言转化为适用于教学的口头语言。语言表达要有艺术性，语调要抑扬顿挫，讲话的节奏快慢适中，普通话要标准，可适当以身体动作和手势为辅，加强语言的表达效果。有些美术教师不重视语言表达，认为美术课就是指导学生画几张画而已。其实，无论哪一种美术课，不管它完善到什么程度，都不能代替教师明确、生动的教学语言。教师的教学语言艺术是向学生传授美术知识和技能的关键。

善于设问解疑，激发学生积极的思维活动。无论是讲授、谈话，还是讨论和指导学生独立阅读，都需要教师精心设计一系列问题，组织和引导学生解决疑难，使学生的思维活动不断处于积极状态。因此，教师要根据教学的需要和教材内容的特点，精心设计富有启发性和思考价值的问题，并要依据学生的美术知识与能力情况，使这些问题明确具体，难易适度，充分调动学生学习的积极性。

恰当地配合和运用板书。板书能增加语言艺术传递信息方法的直观性，更好地帮助学生理解教学内容。板书要简明扼要，文字规范。注意将主要的内容如美术术语进行板书，以加深学生对教材的印象，并起示范作用。

（二）以直接感知为主的方法

以直接感知为主的方法是指教师通过对实物和直观教具的演示和组织教学性参观等，使学生利用各种感官直接感知客观事物或现象而获得知识的方法。其特点是具有形象性、直观性、具体性和真实性，体现了美术学科教学以视觉教育为中心的特点。以直接感知为主的方法只有和以语言传递信息为主的方法合理地结合起来，才能保证教学效果的提高。以直接感知为主的方法包括演示法和参观法。

演示法是教师在课堂上通过展示各种实物、直观教具，进行当堂示范或采用现代化视听手段，指导学生通过观察获得感性认识的教学方法。演示法直观性强，能使学生获得具体、生动、真实的感性认识，对提高学生的学习兴趣，集中注意力，发展学生的观察能力、想象能力、思维能力等具有重要作用。

在教学中，演示的手段大体有三类：一是实物或模型、图片等的演示，目的在于使学生获得某一事物或现象的外在感性认识。二是用连续成套的模型、图片或幻灯、录像等，进行序列性演示，使学生了解描绘与欣赏的对象及其发生发展过程。特别是现代化的教学手段如录像、影视等的演示，能突破时间、空间的限制，使教材内容由静态变为动态，使抽象的理论具体化。三是教师的示范动作或制作等，包括板绘示范。

在演示过程中，教师要注意演示内容与演示形式的高度统一。首先，用以演示的材料要能够突出显示所学内容的主要特征，应按教学要求慎重选择出示的实物、图画资料，做到图像清晰、主题明确，范画步骤图鲜明、准确而富典型性、示范性，画幅大小适度。其次，课堂示范表演准备充分、简明扼要，方法步骤清晰，形象生动准确，色彩明快简洁，放置的位置、角度、大小适宜。最后，演示适时，时间先后长短恰当，示范可以是绘制的全过程，也可以是局部技法提示，对作品的重点、难点部分，可以突出演示，便于学生理解、学习。

参观法是教师根据美术教学任务与特点，组织学生到美术馆、博物馆、艺术遗址、名胜古迹等文化艺术场所，通过对美术作品、艺术遗迹的观察和学习而获得生动、具体的美术观念与知识，使美术教学达到高度的直观性要求。

在参观中，教师要注意培养学生的参观兴趣，强化他们的知觉，把思维导向需要的方面。如参观美展时，首先要对整个展览有一个全面的了解，无论是主题内容、风格形式，还是具体表现等，都要先从整体去分析比较，再引导学生分析各部分之间、各画种之间的关系。在参观中，还要注意结合课业实际，教给学生必要的透视、构图、明暗、色彩、解剖等美术基础知识，用理论指导参观。又如对中国传统艺术遗址的参观考察，不但能增强学生对中国古代美术的感性认识，还能增加学生的历史文化感，激发学生强烈的民族感与爱国热情。参观法打破了课堂和教科书的束缚，使教学与生活、创作密切地联系起来，能扩大学生的艺术视野和感知，增强学习的积极性。

运用以直接感知为主的方法的基本要求如下：

事先做好准备工作。教师在教学中运用演示法和参观法，必须根据教学内容和教学任务的需要，做好准备工作。如采用演示法时，要事先选择、检查演示教具和范画工具材料，进行课前试作等。采用参观法时，要订出参观计划和步骤，明确参观目的和要求等。

引导学生有目的、有重点地进行参观考察。无论是演示还是参观，都要提出问题，让学生有目的、有重点地去观察、去思考。其中，教师要适当结合讲解、谈话等方法，引导学生把注意力集中到观察的对象上，把感知与理解结合起来。同时，教师还要教给学生观察的顺序与方法。

引导学生做好总结工作。演示和参观结束后，教师要组织和引导学生通过问答、练习、讨论等方式，把观察的印象与书本的知识联系起来，使这两种方法真正起到获得感性知识，验证和理解美术的作用。

（三）以实际训练为主的方法

以实际训练为主的方法是通过练习等实践活动，使学生巩固和完善知识、技能、技巧的方法。这一方法是以学生的实践活动为特征的。通过实践活动使学生对美术的认识向高层次发展，把技能变为技巧。教育心理学研究成果表明，技能包括外部动作技能和内部的心智技能两方面。技能技巧的形成与完善，始终是动作技能与心智技能相互联系、相互依存。特别是美术表现技能的形成，始终受心智技能的支配与调节。美术技能不仅仅依靠语言传递，还必须依靠大量的实际训练。

练习法是以实际训练为主的方法，其练习手段包括视觉、记忆、创作三个方面。练习法是指在教师指导下，巩固知识、运用知识、形成技能技巧的方法。练习法的特点是，技能技巧的形成以一定的知识为基础，练习具有重复性。美术教学中很多教学内容属技能、技巧方面，练习法在教学中是经常广泛使用的教学方法。恰当地组织学生课内外练习，可以使学生在反复运用的过程中，更加牢固地掌握美术知识与技能技巧，提高美术的表现能力，并且还能培养学生的意志和克服困难的精神。

练习时要注意系统性、经常性、循序渐进，逐步提高。根据教学内容和学生的情况，由浅入深、由易到难、由单一到综合、由临摹到写生，最后发展到创造性练习。练习的次数与时间分配要适当。美术技能技巧的形成，需要足够的练习次数和练习时间，但要根据具体的教学内容与学生的年龄特征而定，并非越多越好。要求学生在理解的基础上，有条理、有方法、有步骤地练习。注重学生的个性与创造性也是非常重要的。美术练习极富个性，不可能要求大家一个样，在掌握基本规律与方法的前提下，积极鼓励学生做富有个性和创造性的练习与探索。

在教学中，运用以实际训练为主的方法的基本要求是：

精心设计和指导训练活动。教师必须事先对练习活动的目的、内容、要求和程序做出周密的选择和设计，确定活动的方向，提高学生实践的自觉性和积极性。在实际练习过程中，教师要来回巡视，对学生练习中出现的困难与问题，要进行及时的指导和解决。当场示范是指导学生的一个好办法。

调动学生的实践积极性，培养动脑、动手的实际绘制能力。实际绘制能力，就是手脑并用去表现客观物象的能力，是在美术活动中形成的。在学生进行练习的过程中，教师要尽可能激发学生的积极性，使他们学会独立完成作业或任务，逐步提高美术感知与表现能力。

重视作业训练结果的总结和反馈，培养学生自我监督、自我检查和自我评价的良好习惯。教师要注意对学生作业和训练活动结果的检查、总结和分析，让学生及时从反馈的信息中获得比较和肯定，有所提高，增强学习的兴趣和信心。

（四）以欣赏活动为主的教学方法

以欣赏活动为主的教学方法是指教师利用教材规定的欣赏内容，使学生通过观赏美术作品及其他艺术形式，体验其艺术表现力，借以陶冶学生的情感，培养学生正确的态度、趣味和一定的审美能力的方法。在教学中，不少教师往往只注重知识技能的传授和训练，忽视艺术思维、审美能力与综合素质的培养，而这些方面在人的成长过程中又具有很重要的作用。因此，现代美术教学很重视以欣赏活动为主的教学方法。

欣赏法，即以欣赏活动为主的教学方法。其主要特点是通过教学中的各种欣赏活动，其中主要是对美术教材中所规定的美术作品的欣赏，使学生在认识作品的美术价值之后产生积极的情感体验和审美愉悦。中小学美术教育主要是以情感体验为主，由知觉欣赏逐步进入理性欣赏。教学中，欣赏法表现出两种类型：一是欣赏作品的审美特质。美术作品不同于其他艺术形式的独特的审美品质主要表现为造型的美感、色彩的美感、线条的美感等。二是欣赏作品的特殊美，中国画、水彩画、油画、年画、剪纸、动漫卡通画等因画种不同而具有独特的美。美术作品所使用的物质材料和工具既是创造艺术形象的重要因素，也是构成作品审美价值的重要因素。它们各自具有不同的艺术表现力和美感。

欣赏法在教学中常与其他方法结合运用。它是一种常用的、主要的教学方法。运用以欣赏活动为主的教学方法的基本要求是：

激发学生的欣赏兴趣。在欣赏前，教师可向学生讲述有关的创作背景、逸事或联系学生的生活经验等，唤起学生的欣赏欲望。

引起学生强烈的情感反应。欣赏活动是为了感受美术作品的情感，而产生情感是理性欣赏的前提。欣赏过程中能否激起学生的情感，关系到欣赏活动的效果。

指导学生的美术实践活动。在学生产生强烈情感的基础上，指导学生进行绘制、创作等实践活动，通过实践活动，进一步抒发他们的感情。

培养和建立正确的欣赏态度和多维的欣赏方法。这是欣赏教学活动的重要任务之一。在欣赏教学中，应避免对作品简单化、概念化的理解，应将美术作品视为社会、历史、文化的结晶，是艺术家生命的一种表现形态，是艺术形式发展的必然结果等，要进行多角度、多层次的立体考察。

（五）以引导探究为主的方法

以引导探究为主的方法是指教师组织和引导学生通过探究或研究活动而获得知识的方法。这类方法的特点在于，在获取知识的过程中，要使学生的独立性得到高度发挥，进而培养和发展其探索能力、活动能力和创新能力。在这一方法中，教师有意识地让学生有较大的活动自由，自己作为成员参与到学生的探究活动中去。但这并不意味着可以离开教师的指导，相反由于学生探究活动的复杂化，要求教师的指导更加细致和全面。由于学生的探究活动是在学校教学条件下进行的，所以教师在向学生提出探究性任务时，一定要考虑到美术课程标准的原则和素质教育的要求。以引导探究为主的教学方法主要有发现法。

发现法，又称"探索法"，是学生运用教师按发现过程编制的教材或材料进行"再发现"，以掌握知识并发展创造性思维与发现能力的一种教学方法。

在美术教学中，教师为了引导学生去探索美术教学内容中的某一知识，加强学生的记忆和解决问题的能力，往往采用发现法。例如教师提供各种不同风格流派的作品，让学生识别其风格特征及创作年代；再如色彩练习中，组织学生画出不同色调的画面以探索色彩对人的情绪的不同影响等。运用发现法时，一般先创设问题的情境，提供必要的材料或指导学生收集素材，让学生去发现、探索要解决的问题，再从实践上、理论上去检验、证明，从而得出结论。对于太简单或太复杂的内容以及资料性的内容，不宜采用发现法。

运用以引导探究为主的方法的要求是：

依据教材特点和学生实际，落实探究发现的课题和过程。给学生提供充分的有关材料，使学生利用这些材料能解决提出的问题。

严密组织教学，积极引导学生的发现活动。学生的探究、发现绝不是一种自发的、随心所欲的活动，它是在教师的严密组织和积极引导下进行的。学生在发现的过程中可能遇到各种障碍，教师要随时帮助、启发和引导学生进行联想、对比和分析，使学生的思维活动不断深化。

努力创设一个有利于学生进行研究发现的良好情境。使学生在发现学习的过程中，始终保持注意力高度集中、思维极其活跃、探索精神十分旺盛的最佳状态。

以上介绍了五种常用的美术教学方法。需要指出的是，美术教学方法多种多样，没有一种是万能的。美术教师应根据教学的具体任务、具体内容及学生的年龄特征、班级和学生个人的特点，恰当选择和灵活运用各种教学方法；教师可结合自身优势，扬长补短，可利用各种有利因素，积极创造条件进行美术教学活动，提高美术教学质量与教学效益。

四、美术教学中现代教学媒体的运用

教学媒体指的是在教学过程中，教师与学生之间传递以教学为目的的信息所使用的媒介物，是众多教学材料的总称。现代教学媒体是与传统教学媒体比较而言的。传统教学媒体又称普通教学媒体，包括教科书、模型、范画、黑板等；现代教学媒体又称电子技术媒体，包括幻灯、投影、电影、电视、激光视盘、电子计算机等。在当今美术教学中，现代教学媒体在教学传播中的作用和地位越来越受到重视。借助现代教学媒体，充分调动多种感官，实现美术信息传递的多渠道化，可以加强学生对美术知识的感知度，提升吸收率，有利于学生的记忆、理解和应用，促进由知识向能力的转化。中小学美术教学的现代化，离不开对现代教学媒体的运用。美术教学中现代教学媒体的运用既是一种方法，也是一种手段。

（一）现代教学媒体的分类和特点

现代教学媒体由硬件和软件构成，这是两个相互联系的要素：硬件或叫现代教学设备，即用以储存和传递教学信息的多种教学机器，如摄录器、计算机、投影仪、操纵台、显示屏等；软件又叫音像教材，即已录制的、承载了教学信息的各种片带，如教学幻灯片、投影片、录像带、视盘等。

中小学美术教学中的现代教学媒体，大致上可以分成三类：电光类，包括幻灯机、投影器等，以及相应的教学软件；影视类，包括电影放映机、电视机、录放像机、视盘教学机、闭路电视系统等，以及相应的教学软件；计算机类，包括程序学习机、计算机教学系统等，以及相应的教学软件等。

美术教学中各类现代教学媒体的特点如下：

电光类媒体的教学特点：能使学生在静止状态下观察扩大了的图像；能将造型要素的局部放大显示；放映时间可长可短，不受限制；教学软件的制作比较简单；投影仪可以当黑板使用。

影视类媒体的教学特点：能给学生视觉、听觉两方面的信息；能以活动的图像，连续、系统地呈现美术作品和造型过程的步骤方法；能重复技能示范，更有效地表现过程；能将教学内容情景化，加深学生的理解与欣赏；通过特写、定格等特技可将学生注意力直接引向教学的主要方面。

计算机类媒体的教学特点：能长期贮存大量教学资料，供师生在任何时候检索；能为学生创造良好的自学条件，使他们按照自身的水平和能力进行学习。

（二）现代教学媒体的功能和作用

现代教学媒体在美术教学中有以下基本功能：

它能不受时间、空间、微观、宏观的限制，将教学内容中涉及的事物、情景、过程，全部再现于课堂，让学生通过事物的形、色、声的变化和发展等，去获取知识，掌握技能，而不是通过信息的抽象、事物的符号去获取知识。

它能使学习和教学在希望或需要的时空进行。它使抽象概念形象化，从而使教学变得直观、明白、易懂。

由于现代教学媒体具有上述优异功能，因此，它能在美术教学中发挥重要的作用。一般认为，它主要有以下作用：

提高教学质量。充分利用现代教学媒体对学生进行知识技能教学，能够促进学生知识技能的发展。现代教学媒体教学，生动、形象、感染力强，易于激发学生的学习兴趣；对学生知识技能发展的每个环节：感知、理解、记忆、应用等，都能起到有益的影响。它还能更好地适应学生的个别差异，实现因材施教。

提高教学效率。学生的学习，对知识的掌握，是通过多种感官（眼、耳、鼻、身）把外界信息传递给大脑中枢而形成的。这些感官的功能各异，其中数眼最灵，耳次之。在学习中，眼、耳、脑的功能发挥得越好，学习效率就越高。这是一个规律。现代教学媒体的运用，可以大大延伸人体，特别是眼、耳和脑的学习功能，因此能够提高学习的效率，扩大教学规模。

当然，强调现代教学媒体的运用并非否认传统教学媒体，而恰恰要求在实践中注意两者的结合，灵活运用。当今美术教学日益注意综合运用多种媒体，以不断提高教学效率和效益。教学媒体发展的主要趋势是传统教学媒体与现代化教学媒体的融合，逐渐形成一个完整的美术教学媒体体系。

第三节　中小学美术课堂教学的基本环节

中小学美术教学工作由不同环节组成，各个工作环节间具有相互联系、相互衔接、协调作用的特点。其中最基本的环节有备课、上课、作业、辅导、评价等，这些主要的教学工作环节各自都具有自身的基本结构、工作程序和实施要点，从而构成一个完整的教学工作系统。要全面提高美术教学质量，就必须认真研究教学工作的基本环节，并对其中的每一环节都提出质量要求。

教师是教学工作的实施者，对教学环节的准确把握和协调应用是教学的前提，认真按要求处理好每一个教学环节是教师教学工作的全部追求。要想获得美术教学的基本能力，圆满完成美术教学任务就必须认真研究教学环节，熟悉每一个环节的基本结构、工作程序和实施要点，从基础工作做起，因为教学基本能力就是在教学实践中学习钻研、严格操作、锻炼积累而成，探究和实践是造就能力的主要途径。

一、中小学美术教师的备课要求

备课，指的是教师在上课前的教学准备。上好一堂课的前提就是充分备课，它对教学工作的意义重大。如果课前的准备工作做不好，课堂教学就难以搞好，即使有经验的老教师也如此。同样，备课是中小学美术教学工作的首要环节，也是造就美术教师教学能力的第一环节和前提条件，是加强美术教学的计划性和预见性，有效提高教学质量的重要保证。美术教师通过备课，对教学工作进行系统深入的思考与规划，对教学原则、方法和实施程序进行深入的理解和把握；通过备课不断积累经验、提高水平，是形成教学能力的第一个重要方面。备课是所有中小学美术教师都必须认真对待的工作，也是美术教师接受培训或自我研修的一条途径，来不得半点虚假和马虎，而需要精心设计和合理安排，教学方案的粗陋或缺失，则都可能会导致教学的失败。中小学美术教师在备课中应该努力做好以下几个方面工作：

（一）美术教育学科的特殊性

把握标准美术教育学科的特殊性决定了美术教学任务的复杂性、教学内容的多样性、教学方法的灵活性，再加上学生情况的复杂多样，因而美术教师的备课成为教学复杂系统的首要内容。这要求其首先对《义务教育美术课程标准》展开认真、细致、深入的学习，熟悉其内容，领会其精神，把握其要求。将课程标准所倡导、规定的美术教育基本理念、课程价值逐一落实和体现到教学过程中去，理解执行其中的教学建议、评价建议，通过备课将课程所规定的教学目标逐步地化解成为富于科学性、逻辑性，条理清楚，指向分明的教学指标体系；变成生动活泼，充满互动魅力的教学行动方案。

为体现课程标准的精神，具体落实标准的要求。备课应遵循如下工作原则：

教学目标决定性原则。美术教学必须依照教学目标展开，是有计划有目的的活动，无论是一个学段或一个学期，还是一个单元或一节课，都应该在教学目标体系的规定下，在以学习活动方式划分的四个学习领域中设计与展开。只有确立了教学目标,才能选择相应的教学内容,确定教学重点、难点、选择教学方法和做好一系列教学准备。例如,那些单纯传授理论、知识和训练技能的教学方式,就从根本上背离了美术的教学目标。因此,明确教学目标是有决定性意义的。

教材内容调整性原则。教材是课程的媒体,是静态的教学内容表述方式。作为中介和"桥梁",教师对教材的价值应有正确的认识。传统观念要求教学必须遵循教材要求,不得越雷池一步,教材是教育的"圣经",教师必须在规定性的原则下照本宣科。这显然与现代教育理念大相径庭,因为一套相对静止的教材永远无法承载一个瞬息万变的时代。过去我们似乎要让教材成为学生的整个世界,而实际上教材只容纳了一小部分信息,只是学生认识世界的众多媒体之一。基于这样的认识,我们认为教材只不过是连接学生和教师之间的桥梁,教材只能起"中介"和"话题"的作用,教材上的东西不可能绝对正确,但它却可以引领师生围绕这一主题共同探究,在学习过程中获得学习的方法。美术教材为教学设计了许多有关美术的"话题",提供了一个教学的方向,备课时应把握教材指定的方向,在"话题"的基础上,展开"以点带面"式的深入思考,让美术学习在更宽泛的情境中展开。教师要根据各自的条件和环境,发挥创造性,扩展更大的教学空间,把教材用活用好。

教学对象的主体性原则。备课中明确美术教学目标,掌握教学内容,是为了使学生能在师生共同参与、互动交流中学会学习,达到学习目标,成为学习的"主人"。因此,备课时必须充分考虑学生的身心特点、具体条件、认知水平、接受能力等,尊重与爱护学生;同时,还要求教师对人的个体性、独特性、多样性给予充分尊重,并以此作为教育、教学的前提。只有这样,才有可能使学习主体在教学中活动起来,思维活跃起来。

教学方式方法的适应性原则。美术教学必须通过一定的教学方式、方法使学生掌握教学内容,完成教学任务。因此,备课中必须充分考虑所采用的教学方式与方法是否与教学内容相适应,能否适合学生的实际,能否有利于完成教学任务,实现教学目标。教师要根据其生活经验、兴趣、意向、需要、情感等选择相适应的教学内容和教材,设计其乐于接受的教学方式和方法等。

总之,中小学美术教学是一个传授美术文化知识技能,进行素质教育的动态过程,一切不适应当前教育要求的教学方式和方法,都不可能达到预期的美术教学目标。

教学效果的预见性原则。备课是为了上好课，完成教学任务，达到教学目的。因此，美术教师在备课中还应尽可能预见到教学环节过程的有利和不利因素，预见到教学的大致效果等，才能使备课既有客观控制又有微观调节，确保教学活动的正常进行。心中有数，才能赢得教学的主动，有效克服教学中的盲目性，开拓生动活泼的开放性的课堂教学局面。

（二）认知主体

备课是为了如何教，而解决如何"教"的目的是为了引导如何"学"，学生是学习的主体。因此，了解学生成为备课的最重要的环节。那么，在教学中我们应该如何认识主体、摆正主体和主导之间的关系呢？我们认为，应该强调学生在学习过程中的主体地位，在以人为本的教育观念指向下，强调学生是具有思想、意识、情感、欲望、需求以及各种能力的活生生的人。所以，教学的基本出发点和最终归属都应该是人，是成长中的人，是独一无二的人。强调学生在学习过程中的主体地位，意味着不仅将学生当作教育的对象，更应切实将他们看作教育过程的平等参与者、合作者、教育与自我教育的主体。因此，在美术备课时，要求了解并尊重学生的感受和体验、需求和愿望，帮助学生在学习中学会自主，倡导自主学习、探究学习与合作学习。鼓励学生与他人互动，与环境互动，与人类文化互动，促进自身进步。要求美术教师尊重和爱护学生，了解和沟通学生的心灵。备课时，应该做到：了解学生的知识基础、学习态度和方法，包括他们原有的美术学习兴趣、爱好和习惯。也要了解他们的思想状况、个人特点、文化背景、年龄表现特征及家庭经济情况、社会环境等，只有在尽可能多地了解学生的基础上才能准确确定本节课的重点和难点，做到有的放矢。了解学生的途径，除在日常教学中仔细观察和长期揣摩外，还可以通过座谈与家访等方式进行。

（三）钻研教材

教材是教学的主要依据。毫无疑义，钻研教材是搞好教学的重要基础。同样，钻研美术教材也是美术教学备课的一项主要内容。钻研过程中应注意：理解教材、分析教材和处理教材。即仔细研究美术教材的每一个单元、每一课程，深入了解和掌握其中的知识内容和图文材料；对照教学目标，理解教材所蕴含的教育价值取向；根据美术课程标准、课程目标和学生的实际情况，确立对教材这一教学"话题"系统进行线性的发展和"点"上的扩充、泛化。所谓"线"和"点"上的工作要求，是指钻研教材后，经过"熟、透、化"的三个过程，把每一节课的内容化为自己的认识和理解，纳入自己的知识体系，并根据学生发展的需要，结合实际的情况，对照教学目标，将教材进行为我所用式的改造，列好教学预案，将教材的课题化为引导教学的"话题"，成为教学活动展开的索引和载体，并能用自己的语言准确地表达出来，让教材内容主次分明、详略得当、针对性强、趣味性浓地在教学活动中展现出来。

钻研教材的要求：

把握整体与钻研细节相结合。即先要理解全部图文，掌握教材全部的内容，理出教学与知识的层次、难易、主次；进而深入仔细推敲，分析把握教学中的重点、难点问题，酝酿教与学的合理程序与方法，最后从整体角度来审视和调整预设的程序与计划。

重视双边活动。教学是双边活动，教材钻研的唯一目的是为学生的"学"。因此，要充分预计学生的反应，适合学生的情况等，应该站在学的立场上来认知教学和钻研教法。

教材是可以根据教学实际来调整的，不可将其理解成是唯一不变的静态的经典，根据课程目标，用活用好教材是我们的希望。因此，中小学美术教师还可根据课题要求，积极创设教学情境，有针对性地补充教学材料。

（四）设计教法

教法是指教学程序安排、教学情境设置和教学方法运用等的统称。如果说钻研教材是为了解决"教什么"的问题，那么设计教法则是为了解决"怎么教"的问题。上课时，即使做好了"钻研教材"和"了解学生"的准备，但若施教不得法，则教学也可能失败。画论说"画无定法是为至法"。其实，美术教学方法也是如此，人们一方面要求美术教学方法有规律性、科学性和稳定性，另一方面又要求它有多维性、多样性和灵活性。唯有如此，才能与当今中小学美术教学日趋提升的要求相适应。从教学方法设计与运用中，完全可以反映出一个美术教师的教学能力、经验和备课的状态。

1. 设计美术教法的依据

（1）依据教学目标

每堂美术课都要实现一定的教学目标，目标不同，教学方法相应也不同。

例如，欣赏与评述的教学目标要求培养学生的审美鉴赏能力，相应的，为达到这一教学目标就应该：设计欣赏与观摩的教学情境，安排讨论与交流的教学程序，运用谈话与语言表述的教学方法等。教学目标决定采用何种教学方法，而不是教学目标去迁就教学方法。

（2）依据教材内容

教学目标是通过学生在教学过程中掌握特定的教学内容来实现的。不同美术学科门类，中小学美术不同教学领域的教学课题有不同的常用的教学方法。如绘画类与工艺制作类美术课所使用的教学方式、程序不同，教学方法也不一样。因此，应该根据课程内容特点，不墨守成规，创造性地运用教学方法，以开创生动的、有新鲜感的、吸引学生乐于实践的教学局面。

（3）依据学生的情况

学生是学习的主体，学生的学决定了教师的教。因此，教学方法必须满足学生的需求与意愿，适应学生的年龄、个性特征与认识水平等实际条件。总之，教法应与教学对象相适应。

（4）依据教师本身的素养条件

教师的素养制约着教法的实施，这是很明显的事实。中小学美术课程标准向任课教师提出了很高的素养要求，教师素养的缺失直接影响教法的顺利运用，直接影响教学效果。教师的综合素养不同其上课的教法就会不同，教学效果也会大相径庭。因此，要求中小学美术教师自觉努力学习，不断完善自我，力求掌握更多的教法，不断提高教学水平。

2. 确立美术教法的要求

（1）教法要符合美术教学规律

教法本身无优劣的分别，但运用于教学时却有是否符合教学规律的问题。教法没有严格固定的对象和绝对的目标，针对不同的教学对象与不同的教学条件而采用不同的教法，这才是明智的选择。

（2）教法要符合美术教学原则

美术教学原则是对美术教学实践经验的总结和概括，美术教师在确定教法时要遵循与符合美术教学的原则。例如，在展开活动性美术教学时就离不开审美性、游戏性、快乐性原则的指导与规范。

（3）教法要有启发性、针对性、灵活性和创造性

这是与课程教学目标相应的教法要求。根据美术教学样式一般将教学方法归纳为讲授法、演示法、练习法、谈话和参观法等。现代美术教学要求在更广泛的文化情境中展开，具有综合性的教学效果，这就要求教学方法也应是富于启发性、针对性、灵活性和创造性。可以根据教学实际的需要，创造性地运用原有的基本教学方法，还应该创造新的教学方法，唯有如此，才能达成教学目标，实现美术课程的教育价值。

（五）课题情境

美术教学的一个重要环节就是依据课题要求设计课题情境。对情境的要求是现代美术教学的一个重要标志。让教学主体在预设的教学情境中交流与互动，会取得很好的教学效果，这是简单地运用其他教学方式方法难以达到的。因此，备课时要求美术教师吃透课题要求，理清教学程序，调动一切有可能达到的教学手段和物质条件，营造与课题要求相符的课题环境与教学氛围。对课题情境的要求不仅限于物质方面，而且是一种普遍地融入教学所有环节的基本性要求。因此，要求美术教师按课题要求深入细致地做好教学用的一切物资准备，包括直观教具、学习工具、作品图片（示范画、参考图例）、纸张颜料、画板画具等，还包括运用各种生动有趣的教学手段，如电影、电视、录像、范画、参观、访问、旅游，甚至故事、游戏、音乐等方式引导学生，增强对形象的感受能力与想象能力、激发学生学习美术的兴趣。总之，熟悉把握标准，是教学的前提，认知主体、钻研教材是教学的基础，课题情境是教学的必要条件，设计教法是完成任务的手段。

（六）编写教案

教案，又称备课计划，是教师实施教学活动的具体方案，也是教师上好每一堂课的基本保证。美术教师备课的最后一个环节就是编写教案，它是教学活动的具体记录。编写教案的意义在于：让教师把备课中所考虑的各种教学活动设想都明确地体现在教案的图文之中，使教师的备课更加系统、准确、深刻。备课的过程其实就是深化教师的教学思想的过程，同时，写好的教案又可以成为教师教学的备忘录和进一步改进教学的依据。

编写教案是中小学美术教学备课的重要内容，其中我们将板书设计、范画制作等也归属为教案的范畴。关于编写教案的方法、要求、格式和范例以及板书、范画的规范和要求等内容，请学习第八课第一讲——"中小学美术教案的撰写"。

二、中小学美术教师的上课能力

上课能力，是教学艺术的集中表现，是教学能力的直接反映，是一名合格中小学美术教师必须具备的能力。上课能力通常集中表现在课堂教学中，因为美术教育思想是通过教学的理性和规律、手段和方法艺术地反映在课堂教学的每一个环节上中，在"寓教于乐"的追求中得以展示。因此，课堂教学是中小学美术教师的基本功，它不仅能展现教师的教学水平，而且直接影响、感召学生，共同达成互动的教学效果。可见，美术教师是通过课堂教学艺术的追求与训练来获得上课能力的，或者说上课能力就隐含在课堂教学完美的艺术化追求当中，上课能力是每一位在校高等美术师范学生必须通过刻苦训练才能获得的重要的基本能力。我们将其大体归纳为：组织教学的能力和语言教学的能力。

（一）组织教学的能力

组织教学是指教师在课堂教学中，采用一系列富于创造性的充满美感的协调控制办法。它保证教学的顺利进行，贯穿于教学活动的全过程，包括迅速地组织课堂秩序，导入新课，利用教学反馈，组织教学过程，处理偶发事件，搞好教学总结与反思等。组织教学能力是上课能力的重要组成部分，培养组织教学能力应该注意以下方面：

1. 遵守规则、养成习惯

教学规则是教学双方约定俗成的做法，学校一般都建有较为完整的规范，是维持教学活动正常展开的常规，成为学校师生自觉遵守课堂秩序的行为依据。例如，教学常用的礼节程序（上课，起立，同学们好，老师好等），学生遵守教学纪律的行为规范（不说笑打闹，不做与教学无关的事情等）。遵守纪律是搞好教学的保证，并要形成常规。因此，美术教师除自己要以身作则遵守常规外，还应注意不要轻易地打破常规，而是要在美术教学目标要求的规定下，让常规促成学生高度自觉的学习行为，巧妙地利用常规组织教学，形成生动活泼的教学面貌。

2. 激发兴趣、寓教于乐

激发学生学习兴趣是组织教学最重要的内容。由于当前中小学美术教育对学生的升学、谋职的影响微乎其微，要求学生像学语、数、外等课程那样努力地去学习美术的可能性不大，除非是那些天生对美术就有着极大兴趣的学生。因此，美术学科要想切实地按教学目标展开教学，就应该注意研究学生的兴趣，培养学生的情趣，抓住学生的心理需要，随时调节教学方法，在教学中营造快乐、轻松的气氛，将复杂的知识概念简化、形象化，把知识、技能寓于兴趣、情趣之中，与学生的生活经验、情绪、情感、态度的体验结合起来。

3. 加强注意、培养坚持

注意是心理活动对一定对象的指向和集中。中小学学生的注意力有其自身的特点，教学中集中注意的时间并不长，一般20~30分钟，年龄越小，注意时间越短。教师应该认识这个规律，因势利导，切不可强制。教师应该从感性形象入手，穿插生动的使学生感兴趣的内容、故事，运用生动活泼的教学手段和形式，切不可"玩高深、玩抽象、玩哲理、玩概念"，使学生在枯燥的理论面前感到疲倦，应该使学生动起来、做起来、游戏起来、快乐起来。调度多维感知与注意，使学生感到学习是一个紧张而又愉快的过程，唯有如此，学生集中注意力的时间才可能长一些，学习精力才可能旺盛，教学效果才会好。因此，培养学生注意力的坚持性是教学组织的一个重要方面。

4. 创设情境、注意过程

教师应该调动各种生动有趣的教学手段，如影视、范画、参观、访问、旅游等，甚至以故事、游戏、音乐等方式引导学生增强对形象的感受能力与想象力，激发学生学习美术的兴趣。利用一切可能利用的美术教学课程资源，创设美术教学情境，组织教学，使美术教学从单纯的技能、技巧学习层面提高到美术文化学习的层面。让学生在过程中体验学习的乐趣，增长知识，学会学习，获得情感、态度、价值观的良性变化，这应该是组织教学的重要目标。

组织教学的方法很多，大致可归纳为控制、引导、指导三类。

控制。教师用控制方式组织教学，能进行迅速有效的交流。课堂气氛的优劣往往取决于教师的控制力，若缺乏控制，则课堂秩序易混乱；控制不当，易造成学生心理压抑，不利于学生的身心健康。所以要求教师在组织教学时具有恰当的控制力。控制手段一般有语言的、非语言的、动作的、非动作的，全凭教学机智，灵活应用。

语言控制。这是一种常规的组织教学手段。"请同学们坐好""请把书打开""请不要讲话"等，语言控制贯穿于组织教学的始终，它可以使学生按教师的要求进入学习状态。

教态控制。在美术教学中，有些教师不直接使用语言，而使用诸如环视、凝视、停顿、微笑、点头等，用举止调控学生的注意。例如，环视可以表示期望与鼓励，停顿表示引起注意，凝视表示提醒，微笑表示赞许，点头表示肯定等，可表达丰富的教学意识理念，起到组织教学的效果。教师利用经验和智慧，把握分寸，达到"此时无声胜有声"的教学艺术境界。

动作控制。动作可以起到组织教学的积极作用。教学活动中，美术教师生动活泼的举止动作是激起学生参与热情和兴趣的最好榜样。通常美术教师用敲击、巡视等动作来组织教学，当语言或非语言组织失控时，就会采取动作控制，例如敲击黑板或桌子，用紧急声响引发学生注意等。但这种控制方式应该谨慎使用，其副作用就是拉开了师生间情感的距离，破坏了平等互动、交流共享的教学气氛。

机智控制。这是指课堂上所遇到的偶发事件，教师机智地应变事态，控制事态的发展和影响巧妙地将学生的关注引入正常，进而随机应变调整教学主题。处理偶发事件是组织教学的难点，要求教师遇事不乱，保持头脑冷静，情绪镇定，因势利导，随机应变，果断处理，切不可简单粗暴等。

引导。教师采用充满情感、亲切、热情的语言，对学生加以引导、鼓励，从而使学生增强自信，积极主动地学习。组织教学的引导方式可归纳为两个方面：

鼓励。美术教师在教学中要尊重和爱护学生。他们是学习的平等参与者、合作者、教育与自我教育的主体。教师要善于发现学生的每一个进步，及时给予鼓励。让每一个学生都能得到引导，发现自己的进步和优势。学生在教师亲切热情的关爱下，会乐于思考，乐于学习，这样的学习气氛是组织教学的保证。

提问。它是采用最多的组织教学方式。提问可以帮助学生学习思考，起到组织教学的作用。同时，提问也是一门教学艺术，它能直接展示教师的教学水平，若恰当地运用能发挥积极功效，而不当的提问则可能会使学生产生反感、畏难、厌烦的情绪。提问一般应该注意问题不能平淡，深浅有度，有典型性与针对性等。提问时要做问题铺垫，要注意运用启发式的教学原则。

指导。该方式常应用于活动类课题的自主和探究性学习领域。随着美术在学校教育中的作用日渐突出，素质教育、美育方面的活动也日渐增多，课内和课外，美术教师都经常运用指导方式组织教学，如教学中的参观、访问、座谈、交流、欣赏、评述和布置展览、演出布景、设计板报、设计专栏等。学生在教师的有效指导下感受美术，掌握知识与技能，学会学习。

（二）语言教学的能力

运用教学语言展开教学是美术教师的基本能力。语言是教学活动的重要工具，教师教学语言水平的高低就在于其能否用准确、简练、生动、形象、优美的语言来表达教学内容，在知识交流中感染学生，达成教学目标，获得好的教学效果。教学用语不是教案背诵，也不是大会演讲，更不是闲聊口语或舞台表演，而具有自身的表现特点和要求。

1. 逻辑清晰

教学语言的逻辑性十分重要。某些美术教师平时讲课随意，讲到哪算哪，前后颠倒，话题不连贯甚至文不对题，是不能给学生留下清晰、准确、完整的知识概念的。教学思维就是论述、分析、判断、推理的过程，因此，讲述中要求语言准确精练，围绕教学主题，条理清楚，有系统性和严密性；并从加强思维逻辑训练做起，运用逻辑规律，强化思维质量，提高教学语言的应用水平。

2. 简练形象

中小学美术教师和高等美术师范学生，都应该把训练语言的表达能力作为教师职业的基本功。教师的语言应该简洁、明确、形象、生动，要言之有物，讲求语言的形象性。提高语言的质量，要最大限度地减少废话，以少胜多，简明扼要。教学语言应该准确无误，高度概括，简洁明确，不重复，无废话，力戒用语不当或口头禅，不允许讲粗话、脏话，教师的教学语言应该是最文明、最有魅力、最利于学生接受的最有益于教学活动的职业语言。因此，锤炼自己的语言表达能力，成为美术教师不懈的追求。

3. 普通话教学

普通话是教师的职业语言，用普通话进行教育教学工作是合格教师的必备条件，因此高等师范学校学生必须讲普通话，并要求通过国家主管部门的普通话水平测试。教师如果在教学中不使用普通话，就可能会给学生带来听力障碍，即使讲课再精彩也难有积极的回应。因此教师讲好普通话不仅给学生良好的声音美感，而且还保证了知识表达的准确性。

4. 风趣幽默

学生都喜欢风趣和幽默的教师。这些教师善于运用幽默风趣的语言，把教学内容讲得形象明确、生动有力，容易使学生在轻松愉快中接受。用机械的方式传授知识是容易乏味的，教学不应该仅仅追求知识讲述的准确无误，而应该多从学生角度考虑，乐于接受才会有效果。运用风趣幽默的语言教学，常常会产生变枯燥为活跃、变被动为主动、变困境为顺境的特殊效果。听这样的课学生会轻松愉快，甚至觉得是一种艺术享受，在这种课堂气氛中，学生的学习积极性自然被调动起来。

5. 真情实感

美术教师要学会教学语言的情感表达。善于将知识融合于情感之中才能有声有色地上好一堂课。情感与表达在教学中是缺一不可的，美术教师在引导学生参与知识传递时，还会有感情交流，这要求美术教师是真情实感的自然流露，教育学生要做到动之以情、晓之以理，唯有如此，才能打动学生，换来学生情感、态度上的良性转变。教师的语言要有诗意般的情感，又要闪烁出哲理的光彩，力求知识情感化，讲授艺术化。教师的学识只有通过优美、流畅、精练、热情的语言表达，才会产生情感的回应，激发强烈的求知欲望。

6. 节奏音韵

美术教师上课讲话讲究节奏与韵味。首先要求响亮，其次要有顿挫有致的节奏。教学语言速度的快慢、声音的高低、语调的强弱，都要根据教学内容和接受对象而定。教师应具有调控语言节奏的能力，语言的节奏感把握准确了，其感情也就自然流露出来了。若一节课没有高低变化的语调，那声音就会平淡无味,使学生困倦。同样,语速、音量、节奏不好的教学语言都可能会使学生难以接受,产生不快,而导致教学的失败。

第四节 美术教学过程

美术教学过程即美术教学的实施过程或美术教学活动的过程,是指学生在美术教师预先设计好的美术活动中,积极主动地掌握一定的美术文化知识和基本技能,发展智能,并形成一定的思想品德和审美情趣的过程。美术教学过程也是培养学生综合素质和能力,发展个性、张扬个性的过程。

一、美术教学程序的结构和环节

美术教学程序由构成教学过程的基本要素组成。美术教学程序有两种结构,一是宏观结构,指教学设计、教学实施和教学评价。二是微观结构,指一次美术教学活动的组织、展开、进行的教学行为历程,即美术教学过程。其结构包括美术教学目标、教学任务、教学内容、教学方法、教学形式和教学结果。这些因素是相互依赖、相互制约、相互促进的,使教学过程成为一个有机整体,并通过教学环节形成动态结构。美术教学环节是指教学过程结构的各组成部分,也是教师组织和管理教学过程的各个路径和步骤,包括制订教学方案环节,即落实美术教学目标与任务;实施教学方案环节,即优选美术教学形式和方法、合理组织师生相互作用的形式、具体展开美术教学内容、调节美术教学过程的进程;评价教学方案实施的环节,即对教学方案的实施结果进行分析以提供总结性的反馈信息。

影响美术教学过程结构的因素较多,以上只是一些粗略的概述,教师要结合实际,总结探索出更好的美术教学过程结构和环节。

二、美术教学过程的作用及特点

美术教学过程有向学生传递美术文化知识和基本技能、促进学生各方面能力和品质的发展、教育转化学生思想品德和培养学生审美观念等作用。因此,美术教学过程有其自身的特点,表现为:教学过程的双向性,即教学过程是教与学两个方面的互动过程，是教师的教和学生的学的相互依存、支持、促进和渗透的有机统一的辩证的关系；教学过程的认知性，即教学过程是由认知对象、认知条件、认知任务、认知主体构成的一种特殊认识过程；教学过程的实践性，即教学过程也是教师指导学生进行学习实践活动的过程。

美术教学过程一般分四个阶段：其一，引导学生对美术表象进行感知，从而获得感性经验。教师通过各种途径，采用不同的手段和方法，从不同角度向学生展示美术的有关现象，使学生形成丰富的感性认识。其二，引导学生在感性认识的基础上，理解美术现象的本质。教师要善于引导学生勤于观察、勤于思考、勤于动手，努力揭示事物间的内在联系，通过手、脑、眼的复杂思维和尝试活动过程，把感性认识向理性认识过渡升华，并有意识地培养创造性的思维和独立的学习能力。其三，引导学生运用已理解的知识进行实践，印证和巩固已领会的美术知识或技能、技巧。使学生能够通过自己的实践获得直接经验和各方面的实践能力。其四，引导学生运用所掌握的美术知识或技能去表现和创作，学会检查和纠正学习和创作中的错误。教学过程各阶段是相互促进的，也有相对独立性。

三、美术教学过程的基本规律

美术教学过程受许多因素影响，这些因素分教与学两个方面，教的方面包括教师、教材、教学方法、教学手段和教具等；学的方面包括学生、学法、学具、环境等。其中教师、学生、教学内容、教学手段是最基本的因素。各因素之间的相互联系和作用，使得美术教学过程变得较为复杂，但这些因素之间还是存在着内在的本质的必然的联系，因而美术教学过程具有规律性。

（一）教与学的辩证统一规律

这是指教与学两者相互依存、相互矛盾、相互作用、相互影响、辩证统一。在教学过程中，师生双方都必须发挥主动性和积极性，具体表现为：第一，在教和学这对矛盾中，教师居于引导地位，是矛盾的重要方面，教师在教学中起主导作用，是教学规律的必然性反映。第二，学生在教学中是主体地位，在教与学这对矛盾中，学生是学习的主体，是学习活动的主人，因此，教师的教必须以学生的学为前提，才能达到教学的目的。第三，教师的主导作用与学生主体作用相结合，在教学中二者互相推动产生促进作用，是辩证统一的关系。

(二) 间接知识与直接知识的辩证统一规律

即间接知识与直接知识间的必然联系。在教学过程中,学生以学习间接知识为主,间接知识的取得要以学生的直接知识为基础,间接知识与直接知识相互结合、辩证统一,是教学的客观规律之一。所谓间接知识,通常是指书本知识,是前人总结出来的知识,一般属于理性认识。所谓直接知识,即个体从直接经验中得出来的知识,一般属于感性认识。中小学美术教学提倡个体的亲身体验学习,注重直接知识的取得。

(三) 教学与发展的辩证统一规律

是指教学与发展相互依存、相互影响、相互促进、相辅相成、辩证统一。教学是有系统、有组织的学习知识的活动,它是促进学生个体发展的一种认知过程;同时发展又为实现教学任务提供了有利的条件。教学与发展的关系,主要表现为学生知识的掌握,学生智力、能力以及情感、意志、性格等心理品质发展的关系,其主要的规律性表现为:一方面掌握知识是发展学生智能和情感、意志、性格等个性心理品质的基础;另一方面,学生的发展水平又是学生学习和掌握知识的重要条件。

(四) 教学的教育性规律

教学是以培养人才为目的的,除了传授知识外,还可形成学生的世界观和与社会相适应的思想品德,它永远具有教育性,是不以人的意志为转移的客观规律,这就是教学的教育性规律。遵循教学规律是有效地提高教学效率、组织教学活动、搞好教学工作、优化教学资源、减轻师生负担、提高中小学美术教学质量的根本保证。否则,教学工作可能会事倍功半,甚至会造成误人子弟的后果。因此,教师必须自觉运用教学规律。按教学规律组织、管理、实施教学的同时,特别要注意立足于教学实际,增强运用教学规律的自觉性,努力地认识和掌握教学规律。

四、中小学美术课的类型与结构

课的类型,指的是课的具体表现形式,是课的形态和种类。

中小学美术课有不同的类型,一般有以下几种:

(一) 按教学内容、知识特点划分

这是按照教学内容、知识特点划分,如绘画课、工艺设计课、欣赏课等。这种分类方式使每一类课业都呈现出一些共同的特征,表现出相似的教学目标、相近的评价标准、相同的教学结构等,我们从中能较为容易地发现和把握教学的线性发展和变化规律。例如,色彩知识教学逐步深入、工艺制作步骤的相似与变化、美术鉴赏知识逐步积累和深化等,从中反映了教学目标的同一性和评价指标的逐步深入。

(二) 按教学任务、教学目标划分

这是按照每堂课所要完成的教学任务和教学目标来划分,如传授新知识类(新授课、讲授课等)、巩固知识类(复习课、巩固课)、操作知识类(技能课、练习课等)、检查知识类(检查课、评价课)等,清晰地表明了课的工作任务和目标性质。

(三) 按美术课的学习活动方式划分

这是根据美术课的学习活动方式来划分,如欣赏与评述类课、设计与应用类课、综合与探索类课、造型与表现类课等。这样的划分符合现代中小学美术教学的先进理念,较为合理地规划了中小学美术学习领域,较好地凸现了美术学科特征,反映了中小学美术教学的价值追求。另外,还可以根据教学任务的多少给课分类,通常把一节课内完成两种或两种以上美术教学任务的课,称为综合或混合课;一节课内以单一的美术教学任务为主的称为单一课。传统的教育理念认为综合课是教学任务的叠加或删减,如学习的组织、检查、巩固、辅导的集合运用等;单一课则是单项任务的实施。因此,在美术教学中,一些学习内容较为单纯的课题可以设计为单一课,美术教师在设计课堂教学时,既要使目标明确、重点突出,又要考虑到相关内容的综合与应用等,依据教学内容划分课的类型,让它们交替作用,为完成教学任务提供形式保证。

当前,义务教育阶段美术课程标准为美术课的具体形式划分提出了新的方法,即依据美术学习活动方式划分学习领域。这是站在促进学生素质发展的角度,充分考虑到美术学科的特点而制定的新举措,这种全新的理念提示了美术教学活动的范畴,也影响了美术课的具体形式,产生了诸如以活动方式划分的制作课、观摩课、交流课、游戏课、展示课、表演课,以性质来划分的研讨课、鉴赏课、评述课、创作课等。因而美术教学任务在四个学习领域目标指向下展开并依据领域目标、内容的变化而变化。单一的技法传授课或单一的练习课等已不会轻易出现,课的综合性探究和多维性价值取向已成为发展趋势。从现在所能见到的新编中小学美术教材来看,课的单一形式与要求已很难看到,广大的中小学美术教师正在依照课程标准提出的新的教学理念和要求,尽力将美术课上得丰富多彩、生动活泼。当然,其中也包括尽心致力于课的基本形式的变革。

课的结构,指课的基本组成部分及各部分的进行程序和时间分配。中小学美术课的结构受美术学科的特点、教学内容、教学方法和教学主体等因素制约。不同类型课的结构不同,同一类型的课在不同的美术教学情境下其结构也会不同。也即是说课的结构受到课的类型影响,不同类型的课就可能会有不同的结构。一般认为构成课的基本部分及其进行顺序是:组织教学—检查复习—学习新课—巩固新课—布置作业—展开练习或制作活动等。这是课堂教学必需的既独立又互相联系的一般过程。

组织教学,包括教师进入课堂、行礼、检查人数、安定秩序等。实施时注意点名时不要占时间太长,也可以由班长报告实到人数。安定秩序也并不是非要大声疾呼,有经验的教师用从容的姿态默默环视四周,就可以达到安定秩序,吸引学生注意的目的。

检查复习,一方面为了巩固已学知识,一方面为了更好地导入新课,唤起学生对新知识的注意。

讲授新课、巩固新课,二者是一个整体。作为美术课的重点环节,新课的学习活动方式应丰富多彩。特别是低年级的教学,应适当加入一些游戏活动。但活跃的游戏又有可能给教学组织提出难题,既要保证完成目标知识的讲解、技法技能的练习,又要使课堂气氛活跃,这就要求教师根据教学情况的变化与发展把握好教学节奏,在教学活动中,让学生动静有度、张弛有度,保持良好的学习状态。目标知识的讲解是指导学生进入具体技法操作练习的指南,在方向正确的前提下要留有学生独立思考的余地,所以要提升授课水平,要保证有足够的时间给学生做练习。辅导时既要顾及全体学生又要关照特殊学生(特优和较差的),把握因材施教的原则,有针对性地对每位学生进行辅导。讲评和总结是授课的重要工作，教师既要表扬优点，使学生树立信心，又要指出不足，以利进步。美术教学的综合性、领域性目标对"课"与课程的展开提出了新的要求，要求美术教师必须在教学目标的指向下，认真把握各领域教学的讲授要点，并在课后对讲授新课、巩固新课环节进行反思，以利于教学水平的提升。

布置作业展开练习与操作活动，这是中小学美术教学的中心环节，应充分发挥学生的主体作用，激发其学习积极性，展开自主性探究性学习等。练习与操作的进行必然是教师的精心设计与安排，学习的目标与价值要在学生的学习过程与成果中得到反映。美术课一般不布置课外作业，这是由其在中小学教学中的实际比重和地位决定的。注意下课前应布置下一课会涉及的问题与情境，让学生有所准备，寻找有关资料，做好物质准备，如颜料、纸张、工具等，甚至是水、橡皮和胶带等一些细小的东西也要讲清楚，以免到下一节课时因缺少应用的材料而乱了课堂。因此，合理安排各课的教学内容，使"课"的节奏合理，使各课时计划能得以统筹实现是十分重要的。

总之，在教学任务的规范下，课的基本组成部分共同作用构成课的基本格局和面貌。它们各负使命、各司其职，反映了教学过程的一般性规律。但依据教学情况的变化，对课的一般性结构进行合理的调整、灵活的变化，常常会使美术课焕发新意、富有创意。一般说来，美术课的结构应是多样化的，不能采取刻板、一成不变的程式，每节课都应有自己的特点和节奏，这也应该是"课改"的重要理念。

五、中小学美术课堂活动的追求

课是美术学习活动的舞台，美术学习活动是一个极其复杂的过程。在中小学美术课活动的追求中，既有形式的也有技巧的，既有审美的也有心理的诸多方面内容，美术课的价值主要在学习活动的追求中表现出来。因此，美术课活动的追求与美术学习的追求一致，美术学习的基本方式与美术课活动的基本方式相似。同时，由于学习的内容性质不同而可以将美术课活动方式做不同的分类。可以将其划分为认知、技能、创造、情感等方面的追求。

（一）认知追求

中小学美术课活动涉及有关美术常识概念、美术文化知识、美术技法及造型规律等基本知识，认知活动追求包括对形象性材料与知识性材料的认知与把握。展开形象性材料，包括美术作品鉴赏与评述，图像、影像等识别与判断，艺术实体如欣赏建筑、雕塑等的感受与评价，以及一切有关的形象材料等。面对知识性材料，要求学生了解并记住有关的知识与概念，了解艺术的表现特点、工具材料性能、制作方法步骤与常识等。通过美术认知追求，培养学生的理性思维和美术文化素质，为中小学美术教学打下基础。

（二）技能追求

这是要求学生必须掌握有关美术造型方面的基本技能和技巧等，包括操作技能与智力技能等。操作技能是学习技能的外在体现，是教学过程的具体化体现，要求学生通过活动实践、动手制作来实现；智力技能较为抽象，是通过学生动脑与动手，运用灵活适度的方法，训练学生的观察、比较、综合、概括、想象、创造等思维方面的方法与技能。这要求教师根据学生的不同年龄特点，合理安排教学目标，设计教学程序，对不同类型的美术课的活动方式提出不同的具体要求等。

（三）创造追求

创造性是美术的本质特征，创造性思维和创造力的培养是素质教育的核心。学会生存、学会学习、学会创造是素质教育区别于应试教育的重要方面，也是中小学美术教学的根本性目标。美术课程标准指出："在知识经济时代，创新精神是社会成员最重要的心理品质之一。"通过美术学习"培养创造精神，将会对学生未来的工作和生活产生积极的影响"，使学生逐步形成适应环境变化的自我设计能力和符合社会发展需要的创造能力。美术课的创造性追求要求学生自由思维，自由创造，主动观察、发现与实践，要求教师在课上营造民主、活跃的学习气氛，让每一堂美术课都成为创造的活动，每一幅画都成为学生张扬个性、自我实现的过程，从而促进学生的创造个性的发展。课的创造性追求可以通过具体的教学目标，从观察、联想、造型表现、想象思维、个性气质等多方面进行培养与拓展。

（四）情感追求

情感关乎人的精神面貌、情绪及生活态度，是美术课活动的最重要追求。它包括审美感、道德感、理智感、爱与恨的体验等，还包括通过美术课的活动培养学生积极向上的人生态度。美术课应是"美"的教育，在美的认知过程中，让学生体验乐观、自信、愉悦、热情、关爱等。在美术课活动的情感追求中，教师应在课堂上调动一切有利于培养学生情感的因素，如教师教学的倾情投入、营造宽松自由的学习环境、精心设计课堂情境等，倾情投入会换来学生的情感呼应；良好的学习环境是学生放飞心灵，诱发乐观向上情绪的外因条件；课堂情境是刺激学生产生情感的最主要外在因素等。

美术教学内容性质决定了美术课活动方式的基本状态。如根据美术课活动的内容目标，可划分为知识传授活动方式、技法技能活动方式、情感体验活动方式等，或者以美术课活动的动作形态划分为描绘方式、书写方式、倾听方式、游戏方式等，还可以根据美术课活动的学习表现划分为欣赏方式、评述方式、设计方式、探究方式等，若安排美术课活动还可根据需要选择综合活动方式或单一活动方式等。为达到教学目标，课的活动方式会随着教学内容的变化而改变。当代美术课活动的方式是丰富的，其价值追求也是多方面和多维度的，它与美术课程目标追求相适应。

第二章　美术创意教学及其反思

　　为培养 21 世纪具有创造力的公民，迎接全球化时代的到来，创意早已成为人们热议的一个话题。针对中小学美术学科而言，其中的创意教学对于学生今后的生存与工作，以及对他们推动世界经济的发展与人类文明的进步等，都具有巨大的现实意义。为此，我们应该基于中小学美术学科的独特属性，努力彰显其创意教学方面的独特魅力。

　　在本章节中，笔者针对中小学美术中所呈现的创意教学首先做一个反思，再介绍笔者所开发的手工创意案例，以供同行参考。

第一节　美术创意教学的问题及反思

　　自美术新课程改革以来，我国陆续出版的各套新的中小学美术教科书中大都出现了创意课例。这无疑是新课改的一个新内容与一大新亮点。但纵观 10 余年来美术教师在创意教学方面的实践，笔者发现，这类课例在教学中一直存在诸多问题，并造成了学生对创意内涵的曲解。为此，笔者主要以浙江人民美术出版社出版的美术教科书（以下简称浙美版）中的相关课例为例，来说明有关问题。

一、创意与创意教学的概念

　　所谓创意，简单地讲，就是好的主意或点子。它是通过创造性思维所获得的独特主意。它体现的是个体思维的创造性与独特性，反映的是个体的创造力。

　　笔者所指的创意教学，是针对当前中小学美术教育中，以学生习得创新思维与创造力为教学目标的一种课堂教学。创意教学在中小学美术教科书中通常以"想象""联想"等词汇出现。

二、中小学美术创意教学的现状

针对当前创意教学中存在的问题，笔者从以下两大方面来进行论述：

（一）教师维度

在教师方面存在如下问题：

1. 讲授的创意知识与技能不突出

部分教师在制作的教学PPT中没能重点凸显该课例中创意的知识与技能，也没有加入要求学生通过探究等策略来加以理解与记忆的内容。相反，他们通常是以自身讲授的方式来要求学生识记。这种教学方式通常难以让学生对创意要点留下深刻印象，更难触及理解的边缘。

2. 所展示的创意作品与教学重难点不吻合

例如，在"想象的船"一课中，一位教师展示了将曲面纸想象成一艘大船在大海中与巨浪搏击的创意作品。该作品只谋求表面化的纸船造型与动画效果，没有顾及曲面纸船的无容积与耐水性等问题。这与教师先前着重让学生理解船的基本构造相矛盾，也忽视了一艘船所应该具有的内在逻辑。

3. 评价创意作业存在理念问题

在评价环节，许多教师只是一味地对学生进行鼓励，以营造良好的自我表现氛围，却很少涉及学生作业是否充分体现本堂课讲授的重点知识或技能，更难看到学生间的互评。这直接弱化了对学生在创意思维方面的提升要求，很可能会给学生造成创意作业很容易的假象。

（二）学生维度

在学生方面则有如下问题：

1. 本能性瞎想

从创意作业效果来看，有相当一部分学生忘记了作业要点，而更多地把联想与想象转变为瞎想。为此，笔者看到学生作业更多的是出自他们本能性的、低层次的想象，而极少具有智慧火花迸发的一面。如在浙美版第7册第13课"瓶子新生代"一课的学生作业中，很少有作业呈现瓶子应该有的瓶颈、瓶肚等基本结构。学生似乎完全被仿生本身所吸引，几乎忘记了应该在保留瓶子基本结构的基础上再进行创意这样一个最基本的要求。为此，尽管该课能出现"很有创意"的作业，但实际上却已经不是瓶子了，更多的是学生的瞎想产物。

2. 两极化的作业

通常服从正态分布的学生作业，在创意教学中则更多地趋向两极化：要么绝大部分的学生都感觉创意很容易，作业极易完成；要么极少数学生能呈现出有点创意的作业，大部分学生则难以展开有效想象，陷入只能临摹教科书中创意作品的困境。

三、创意教学问题的原因分析

针对当前中小学创意教学中所存在的问题，下面从课例编写、师生之间的因素，以及创意本身的属性出发来加以深入剖析。

（一）课例编写本身存在问题

1. 编写者似乎缺乏对创意本身的思考

笔者发现，教科书编写者似乎不追求以美术语言本体为核心来展开创意课例的设计。以浙美版第3册第1课"云儿朵朵"为例，教科书中的"提示"部分明确指出，"可以将云朵想象成各种动物、植物、人物、飞行器等等"。这对学生而言，几乎是没有难度的想象，只是纯粹追求"想"的发散性思维而已。这也就难怪学生的作业会出现大面积不着边际、几乎没有难度的"创意想象"，或者说是瞎想了。

2. 创意课例示范作品存在误导性

再以"云儿朵朵"中三幅"学生作业"为例，依据上述"提示"，学生可以把云朵联想成任何物体，反之只要是物体也都可以联想成云朵。这一点具体反映在教科书的学生作品中：白色的鲸鱼、白色的向日葵、白色的房屋，还有白色的看不清楚的各类拼贴等。这也暗示了学生的创意作业不必考虑云朵还有乌云、黑云、朝霞等其他形态。最终，这些示范作品会直接造成师生对创意作业的误解：一是创意作业可以随意制作，几乎没有什么难度；二是只对云朵进行联想，不需要考虑其他因素。

3. 创意课例难度缺乏实践检验

典型的如浙美版第1册第15课"能站立的折纸动物"和第3册第17课"卷纸动物"等。从学生的作业情况来看，笔者发现大约四分之三的学生不能制作出教科书中要求的有创意的作业，而几乎演变成临摹作品；剩余的只是在临摹的基础上稍微有一点局部改换的制作。这说明这些课例提出的创意要求超越了这个年龄段学生的认知水平，难度太大。这两个课例的学期编排缺乏教学实践的检验。

（二）教师因素造成教学缺失

笔者认为教师因素造成创意教学问题的主要原因有以下几点：

1. "忠实取向"的创意教学

一直以来，许多教师对美术教科书附带的教学参考书产生了严重的依赖性。这一点具体反映在课堂教学中，就表现为教师只能基本按照教学参考书中预设的过程与方法来进行教学。教师严重缺乏对创意教学的深入探究与创新，最终影响到教学效果。

2. 缺乏对创意教学的深入思考

这一点主要表现在教师对教材的研读肤浅，没有及时进行课后反思，以及在同一年级段就同一内容教学时缺乏递进式调整等方面。

3. 难以呈现自身的作品实物

教师除了讲授教科书中的创意作品外，主要应将创意图片转化成实物，以丰富教学。而现实中我们却难觅他们自身创作的相关作品，几乎无法听到他们在创意作品探索中的真实体验。这一点将难以让学生认识到优秀的创意作品通常需要经过艰辛的劳动才能获得。

4. 课堂创意作业目标不明确

由于教师在创意作业目标设计方面的不明确，产生了两种方向：一是只要学生作业呈现"丰富的造型"，教师就进行泛滥的鼓励，却很少对创意作业进行深入评述；二是许多教师以学生创作出"优秀创意作品"为目标，而不是以练习本课知识或技能为目标，以至于出现创意作业难度过高的问题。

(三)学生思维特点影响学习

学生在创意学习时的思维特点会影响他们的整个学习过程。

1. 学生创意思维易发散难聚合

学生在进行创意作业时似乎易启动发散性思维,却难以形成聚合性思维。笔者观察到,一方面学生大都能展开丰富的联想,呈现出发散性思维所带来的各种创意;另一方面学生自身相关知识、经验及视觉智能的发展水平等因素影响到他们的想象难以聚合与统一。这导致许多学生的创意作业只能停留于表面的联系,以及更多地呈现出瞎想、瞎画的局面。

2. 想象难度影响学生作业优劣

创造性想象的难度主要取决于以下三个方面:一是需要学生对大量的已储存的表象进行重新加工,"生产"出符合创意要求的作业,这就需要学生平时有意注意相关图像;二是基于学生的意志,优秀的作业通常需要他们深入地探索,才有可能获得创意方面的突破,但许多学生往往缺乏意志的磨炼;三是学生自身视觉智能水平的高低也会影响他们的创意学习能力。

(四)创意本身存在难度

创意难度主要体现在以下几点:

1. 创意作品的产生需要艰苦的探索

事实上,我们应该认识到创意作品的获得是非常艰难的,特别是优秀的创意作品。它是师生基于一定的知识背景,再经认真的思考与探索后才有可能获得的。

2. 创意作品的产生具有不确定性

创意本身是个体智慧火花的体现,具有不确定性、偶发性等特征。因此,我们难以控制创意作品的产生时机。正如郭祯祥在论及"创造力"时所指出的:创新是复杂的过程,涉及人与人之间、流程、产品、特定知识领域的相关社会文化背景,各个因素的交互作用。

四、对当前创意教学的反思

纵观当前中小学美术创意教学,笔者认为特别值得反思的有以下几个方面。

（一）明确创意教学的基础性

在有限的课堂时间内，学生大都只能处于对教师展示的各类创意作品的独特构思与制作的感受之中。因而，学生更多的时间内只是在肤浅地揣摩创意的过程。另外，有限的课堂作业时间是让学生进一步学习与巩固本课的创意知识或技能的，而不是用来追求完成一件完整的创意作品的。这些特点也可能正是中小学美术教育的特点之所在。

（二）明确创意教学的不变性

实际上，在创意教学中，我们必须明晰创意规律中的"不变性"。也就是说，学生无论怎样开展发散性思维，最终必须遵循物体原来的一些最本质的要素。如教师们在课堂上强调的"物体基本结构"。

（三）正确设置创意难度等级

有关创意教学的难度等级设计，笔者建议，在要求学生保持物体"基本结构不变"的前提下，再叠加一种以上的美术语言，如造型、色彩、肌理、质感、正负、重构等元素与具体方法。这也就要求学生在美术语言方面寻求创意作品的统一性与相似性，以产生有创意的作业。年级越高，要求学生叠加的美术语言种类越多，反之就越少，以此来适应不同年龄学生的学习。

（四）关注并力争参与创意展览

在当前全国性的官方美术作品展览中，各类设计展日益增多。设计展的核心是展现一个设计者的创意与智慧。为此，美术教师应时常关注此类展览，以便引入优秀的创意作品来充实教学。同时，美术教师也应力争参加展览，提高自身的创意素养。

（五）研读教材揭示创意规律

教师必须深入研读教科书，及时准确地识读出本课创意的具体思路与方法，以便明确传达给学生其中的知识与技能，引领他们学习创意规律。这实际上有助于帮助学生加强在创意学习中的归纳性，最后创作出符合要求的作品。

（六）开展实验关注最新成果

如何获得有效的创意教学，需要我们做进一步的思考。一方面，教师自身应不断地对课例进行反思与调整，以寻求创意教学的最佳策略；另一方面，教师也应密切关注与吸收当前此领域的最新研究成果，以此来促进创意教学与时俱进。

第二节 手工创意教学探索

在手工创意教学的探索中，笔者主要采用理论与案例相结合的方法，探讨范围主要为美术新课程的"设计·应用"学习领域和"设计·工艺"模块中的"手工"部分，并以纸工作为手工创意教学研究的主要形式，来开发新的典型案例，以期推进这一领域的相关研究。

作为学校美术教育传统教学内容之一的手工，由于其易学、易操作、作品实用性强等特点，一直是我国中小学美术教育的一个重要组成部分。特别是在人们追求"全新思维"理念，美术教育界更关注学生的创新思维与培养学生创造力的今天，传统手工教学如何凸显创意维度，显得更加迫切。这一问题也无疑成为我们热议的一个重要话题。另外，自新世纪以来，国家在中小学教育方面颁布的两大美术课程标准——《全日制义务教育美术课程标准（实验稿）》与《普通高中美术课程标准（实验）》，也为手工创意教学的探索提供了理论基础与实践支持。

本节主要针对如下内容进行论述：手工创意的定义，手工创意教学的理论探索，以纸工为例开发手工创意教学的典型案例，最后阐述手工创意教学的结论与建议。

一、手工创意教学的理论研究

（一）手工创意的概念界定

手工创意是指学生在传统手工学习注重手的技能来制作作业的基础上，更加注重对作业的构思与想法，以此来激发自身的创造性思维，从而有助于提高自身的创造力。

手工创意教学则是以创意为核心的手工教学。

(二) 手工创意的基本特征

1. 与众不同

这是针对创意作业带给观众的整体印象而言。这一特征主要体现为人们从作业整体感观上所获得的新视角、新理念。手工创意讲究的是对作业的独特感受。也正是这种独特感,使它在众多作业中别具一格,引人注意,激发人们对它产生进一步的好奇与欣赏。可以说,一件手工创意作业,如果没有独特的想法或一个亮点的话,通常不会是一件好作品。

2. 造型美感强烈

手工作业的外观,是我们视觉感受的第一步。因此,决定外观的造型就显得尤为重要。这一点体现在手工创意作业中,也就是造型创意问题。如果学生对作业造型有独特的理解,并能找到与之相吻合的形式美感,再把这种形式美感充分表现出来的话,那就有可能出现强烈的造型美感。优秀的创意作品,学生往往能在外观上对其进行巧妙的塑造,给人以惊艳之感。

3. 制作巧妙

优秀的手工创意作品,其创意往往是其他人没有想到或表现出来的,包括在作业的制作技巧方面。这既有学生模仿他人的技巧后自己进一步的反思、探索与更新,又有学生自身对制作技巧的独特发明。

4. 追求意境

有创意的作品,在意境方面往往能给人以无限遐想。在人们欣赏优秀的创意作品时,意境可以让人感到无限的张力,并能快速激发观众的想象,使得人们在感知阶段生发对作品的丰富联想。当然作品在给他人带来难以忘怀的视觉愉悦的同时,又一次印刻在观众的心目中。最终作品能达到让观众深刻体会某种感受的程度,让人非常喜爱。

(三) 手工创意的基本原则

1. 创意原则

学生学习手工创意的最终目标是激发自身的创意潜能,彰显自身的创意智慧，提高创造力。因此，在手工创意学习中，学生如何在作业的内容与制作技巧方面展开丰富想象，以期获得"有意味"的构思与想法是问题的关键所在。这一原则也可使学生在学习过程中不断提升自身的思维品质与创新意识。

2. 简单原则

此处的简单是简洁明了、通俗易懂的意思。简单，一体现在创意简单，通常是人们想不到的，但自己看了他人的作业后会"眼前一亮"或"恍然大悟"；二是作业简单，主要指小巧精制，所占空间较小，不追求大手笔、大制作的"空洞"作业。追求简单，也是为了让学生在有限的课堂时间内集中时间与精力，倾力于对创意的追求，并使创意部分成为重点，从而弱化其他环节。

3. 差异原则

创意一定要有差异。创意也是学生对同类材料追求差异的过程。特别在教师提供给学生的材料数量占总材料的主导时，学生应尽量补充其他材料，为自己与他人作业形成差异提供材料方面的支持。越是差异巨大的作业，通常越会给观众留下深刻的印象。当然，学生在寻找差异性方面的难度也会越大。

（四）手工创意的教学设计

1. 设计草图

设计草图是学生进行有创造性的构思与想法的起点。对此，通常教师要求学生在课前就某一主题事先设计草图，这也能起到让学生尽量在进入课堂前做足各项准备的作用。当然，教师应事先介绍教学中的主要材料与创作主题，这样学生也能在课前不断地进行思考与探索，保证他们能在课前完成初次创意，同时也能为自己添加相关材料做好准备。

学生在课余完成草图，教师审阅后提出修改建议，以便该创意能在课堂中顺利实施。教师在指导中也要充分尊重与捕捉学生的点滴创意灵感，并使其具体化；对于那些缺乏创意的设计稿，则尽量给他们以启示，帮助他们寻找独特的想法与点子，直至完成。

让每一组学生都带着本组的设计稿进入教室，是这一环节的基本要求。

2. 准备材料

巧妇难为无米之炊。拥有一定数量与种类的材料是学生实施手工创意的基本保证。

通常，材料由两大部分组成。

一是教师提供的材料。教师提供的材料主要是为了在课堂教学中让学生以某一材料为主，来展开发散性思维，创作出与此相关的系列作业。首先，教师应积极向学校申请教学经费，购买必要的、全班同学都必备的主体材料，供学生完成主体构成；其次，教师应该在整个职业生涯中不断地积累材料，为日后手工创意教学的顺利开展提供保障。

二是学生提供的材料。在教师无法提供丰富材料的情况下，只能由学生自己解决所需要的材料。通常学生依据设计稿自带的材料也会相当丰富。这有助于他们创作出有创意的作业来。

3. 分析材料

分析材料是教师对学生学会整体合理利用材料的基本要求。在学生拥有一定的材料之后，依据设计稿展开对材料的独特理解，开始分析每块材料的具体应用方式，发挥材料的最大作用，以此来确保每一块材料都能促进创意的表现。对于部分稀少而又重要的材料，教师应该建议学生充分发挥其特性，尽量作为构成作品创意的重要部分。

4. 制作作业

如果说学生的设计稿是创意初稿的话，那么制作过程中学生依据材料与当时的探索感悟及其他小组作业给他们的启示等综合因素，进入第二次创意的环节。因此，制作过程是决定创意作业最终能否顺利完成的决定性环节。如果学生能进行小组合作，则更加有益于本组成员集思广益，不断提炼创意，不断丰满作业。

5. 评述创意

及时对创意作业进行评述也是教学的一个重要环节，它能进一步激发学生的创意思维，为下一次创意制作积累知识与技能。评述教学的目的在于：一是学生表达自己作业的创意，与同学分享自己的独特想法；二是能及时获得同伴对自己作业的评价，得到反思的机会；三是能及时欣赏同学的作业，并反思其创意中的优劣。因此，在学生完成作业后，教师应及时展开评述环节的教学。

（五）手工创意的教学策略

1. 欣赏优秀作品

欣赏本身能给学生以启示，增加他们思维的广阔性——能更加全面而细致地思考问题，寻求不同材料之间的相互联系。为此，教师应该给学生欣赏一些教科书以外的典型手工创意作品。此外，同龄人之间的作品往往具有认知水平起点接近、"最近发展区"相近的特点。优秀学生的作品似乎能更有效地激发他们的思维碰撞，提升他们的创造力。

2. 探索老材料的新组合

如何打破日常材料的传统印象与固有结构，并对其进行重新组合，是学生探索手工创意的一条重要途径。为此，如何对这些司空见惯的材料进行关注，并通过材料间"有机"地组合来获得新的创意与新的效果，是值得学生探索的。

3. 巧用各种材料的特性

如何利用各类材料的物理特性来"因材创意"，是我们要关注的另一个重要思路。如利用瓦楞纸来制作儿童拖鞋就是其中的一个案例。学生把瓦楞纸有起伏的纹路作为鞋底的两面，用以增强鞋子与足底及地面之间的摩擦力。原本一双普通的纸工鞋子因为利用了瓦楞纸的特性，顿生新意。

二、教学案例

本案例重点聚焦在学生对创意的学习与探索。为此，笔者在设计教学时选择以纸为主，以其他材料为辅来实施创意教学。尽量弱化与回避高难度、高复杂性、耗时多的制作技术或工艺流程方面的内容。

本案例中的手工创意教学的设计主要基于以下几点的考虑：

一是考虑创意教学技术要求低。事实上，学生大都能自行解决制作中的技术问题，教师不必过多指导。除教师简要介绍少数材料的使用技巧，如吸管的固定与拼接等技巧之外，高二的学生会在边制作、边探索、边完善的过程中不断地解决此类问题。

二是考虑创意教学容易实施。这要求手工材料相对简单、费用低廉。笔者购买了一次性可降解的纸盘与吸管作为其中一个案例的主要材料。其他的材料也是学生较容易获得的，如废旧报纸、书籍及家用的塑料包装袋等。

三是考虑创意教学效果明显。相对于其他手工类型而言，纸工由于上述两大特点，比较容易呈现本案例所追求的创意目标。

此外，纸工易操作、易移动、易贮藏等特点，也是笔者采用这一形式的主要因素。

三、结论与建议

通过上述手工创意教学的理论探究与典型教学案例的开发，最终获得了以下结论与建议。这两大方面的要旨，能为今后类似教学的研究提供新的思路与方向。

（一）结论

本结论主要由以下案例的成效、实践中所存在的问题两大方面构成。

1. 案例的成效

第一，平面设计稿能促进学生想象力的发展。在学生把设计稿中的平面图变成立体造型的过程中，也逐渐提升了他们的认知水平与想象能力。尽管他们在绘画技能方面水平有限，设计稿也略显幼稚，但在制作过程中所体现的实物造型能力却给笔者以较大的启示。学生在纸面上画的是平面图像，但在他们的大脑中往往呈现的是立体模型。

第二，材料越丰富，学生的想象力也越丰富。在两个班的教学中，笔者有意没有给其中一个班分发三张彩色纸，结果进行创意对比后发现，多发了三张彩色纸的班级在此方面有更有创意的构思。如一组由两个男生创作的"夏天"，出现了池塘、青蛙、荷叶这些元素，让笔者意想不到。因此，给学生更多的材料，能有效地促进他们的想象。

第三，手工创意教学能有效激发学生学习美术的兴趣。笔者发现，那些平时学科成绩不太理想，平时不太爱说话，也不太活泼，以及一听理论知识就想打瞌睡的学生，在创意的课堂上却充分调动了自身的学习兴趣，并积极动手，聚精会神，认真参与小组合作与制作。这些场景让笔者再一次深刻体会到创意教学无形地激发着他们的学习动力与视觉智能。

第四，创意评述能锻炼学生的欣赏与评述能力。初次尝试走上讲台评述作业的学生，总会略显紧张，他们在语言组织方面也多有停顿。但经过几次上台体验后，即使平时个性内向的学生也能提升自身的表现欲望与语句表达等能力。

第五，创意评述能激发学生间的智慧火花。在教学中，学生不时传出爽朗的笑声与热烈的鼓掌声。这让笔者深切感受到学生在相互对话中所涌现的智慧及其火花的碰撞。他们表达中的用词与作业的创意的确令笔者与同学们倍感新奇。

第六，创意评述教学能促进学生的美术学习。一位学生所写的课后感想最能说明这一点："这堂课的内容十分丰富，（我）不仅欣赏了各组同学的作业，听取了大家的创意，自己也讲述了作业与创想。这样的课堂能活跃气氛，使同学们都融入其中，能使同学感到课堂的快乐，能调节同学们的上课积极性，更好地理解与学习。"

第七，创意制作能促进学生回顾所学的相关技能。尽管在手工创意中笔者强调学生对作业的想法与构思，但也发现许多女生更会回顾自己拥有的技能。例如，她们充分发挥平时在生活中所学到的一些技能，应用在作业制作的具体细节中，如折纸中的小窍门，各类花样、肌理的特殊制作技法等。甚至个别学生还能较好地展开技术制作方面的创意。

2. 存在的问题

第一，笔者提供给学生的手工材料还是较为有限。由于资金等问题，材料在种类与数量方面都非常有限。这肯定会对他们的创意探索产生一定的影响。

第二，学生制作过程的失败问题。个别学生在制作过程中犹豫不决，以致最终影响了作业效果。如有一个小组，原本设计稿是制作天平，但由于成员预见不足，中途又改为手推车，结果还是无法实现，最终以失败告终。对此，笔者也在反思，应该在检查学生设计稿时，多给他们提一些对制作中会出现哪些问题的预估建议，以防止此类问题的出现，影响他们的学习积极性。

第三，学生创意制作的时间有限。由于课堂时间只有40分钟，这与学生制作作业通常需要较长时间的需求不符，所以学生在课堂内的动手时间非常有限。这也导致个别学生在规定课时内无法完成作业而影响整体效果。

第四，个别学生不适应创意评述这种学习方式。由于学生初次尝试以自主性学习为主的创意评述，还不太习惯这种学习方式，所以个别学生在阐述要点时，略显简单，有的没有依据笔者设计的要求来进行，也就没有达到教学目标的基本要求。

（二）建议

1. 加强手工材料的收集与贮藏

对于材料的收集，最好是本着最廉价、最实用、最普遍的原则，这样创作出来的作业大俗大雅，更能吸引人，更能体现创意教学目标。

第一，学生应关注身边的日常材料。教师在日常的教学中，要求学生对生活中的各类废旧材料进行有意识的收集，以备手工创意之用。

第二，教师应关注身边的各类材料。从教师的角度来看，应加强自身平时对各类材料的积累与整理。其实教师所处的学校本身就是一个不断生产与提供各类材料的"机器"。学校在装修过程中产生的各类废角料、购买设备后留下的包装箱、图书馆里的废旧纸张、学生喝完饮料后留下的各类瓶子等，都是教师收集的对象。当然如果一位用心的教师能关注社会中其他乐于免费提供各类材料的商店与工厂的话，则更有益于创意教学的顺利展开。

第三，把自己理解成一位"垃圾收藏爱好者"。从许多艺术家的创作来看，废品收购站也是素材来源之一。他们往往可以在其中找到用于创作的各类材料。同样，美术教师也能在这里找到价廉物美的好材料。

第四，学校应支持教师对手工创意的教学。从学校层面来讲，一是在资金方面应该支持美术教师进行手工创意的探索，以使美术教师在材料购买方面取得学校支持；二是应为各类材料的贮藏提供空余的教室，并能保持长久的使用期限，防止由于中途更换或者退出贮藏室导致难得的材料遭遗失与丢弃。

2. 重视创意作业的展示与保存

学生创作的各类手工创意作业，是学生创意智慧的表现，也是教师以后在此类教学中展示给学生的重要作品。为此，我们对这些作业应加以妥善保存。

在具体的保存方式上，笔者提出如下建议：

一是保存实物,这是最理想的方式。当然,由于手工作业有一定体积、不易堆积、学校存放的空间有限等问题,能保存的实物通常数量非常有限。为此,教师只能精选部分作业保存,以缓解日益增多的作业与有限的贮藏空间之间的矛盾。

二是作为电子稿保存。这需要教师在学生完成作业后及时对其拍照。教师应在第一时间拍摄学生的创意作业,以防作业由于老化、脱胶、褪色等问题而发生变形、塌陷、毁坏等。教师将作业拍摄后应及时展示在学校网络空间,刻录在光盘里保存等。

当然,最好能将上述两种方式结合起来,这样既能随时展示实物,又便于异地交流。

3. 关注手工制作中的安全问题

因为学生在手工制作中会使用许多金属工具,如大头针、刀片、回形针、剪刀等,所以学生不小心使用的话,就会产生刺伤及割破手指等安全问题。为此,教师一定要事先强调,让学生树立安全制作意识,相互提醒、相互关注,避免类似现象的发生。另外,教师也应预备创可贴等,以便急用。

4. 挖掘制作时间,提高作业效果

学生在课堂中的制作时间毕竟有限,为此笔者通常要求学生在下午放学前上交作业。这给学生利用课后时间继续对作业进行加工提供了时间上的保障。从最后作业呈现的效果来看,大多数能达到预期的目标。

5. 认真处理作业,增强教学实效

教师应认真对学生作业进行拍照,再经电脑专用软件处理,然后通过多媒体来展示作业,以获得最佳的视觉效果。实际上,学生作业经过教师精心处理后,更能使学生体会到从立体作业变为平面图像后所呈现的艺术性。这往往体现在学生更加喜欢这些作业,更加感到自豪等方面。当然,为达到预期效果,教师需要花费更多的个人时间。

第三章　美术教学中的作品与作业

"作品"与"作业",这两个词汇对美术教师而言实在是太熟悉了。但正是由于太熟悉,以致我们时常主观地滥用它们,包括在美术教科书这样特殊的文本中。为此,笔者通过对 30 余年来国内出版的两套典型的中小学美术教科书中有关作品与作业用词的呈现特点的研究,力求揭示其中所存在的问题,以便引出与深化后续几节内容的论述。

美术教师在课堂作业教学环节经常出现用作品代替作业的评价这一现象,是非常值得我们关注的。对此,笔者试图通过对这两个词的定义考证与辨析,来进一步探索这一现象背后造成的不良后果及其形成原因,并引出相关的反思。笔者希望广大美术教师能谨慎辨别、使用这两个词汇,逐步建立起学术考证、研读教材、设计作业的质性评价等相关理念,促进美术作业教学朝正确的方向发展。

在当前的单课时作业教学中,中小学美术教师要求学生在有限时间内完成一张完整作品的现象似乎越来越常见。为此,笔者从该现象的典型呈现入手,通过揭示其重大危害来梳理导致这一问题的主要原因,继而提出美术课堂作业教学的理性观,强调作业教学的重要功能,主张挑选三大类作业来进行展示与评价,以及设计直击作业靶心的课堂练习等观点,以引发广大中小学美术教师对这一环节的关注与深入思考,并为提升我们教学的有效性而努力探索。

在中小学美术教学中,部分教师往往重视对新授内容的讲解,而忽视课堂作业环节的教学。这种忽视,也让我们看到了长期以来课堂作业教学中存在的诸多问题:无效情况较普遍、练习时间被延长、评价缺少思考等。其实,课堂作业环节也是美术教师教学的重要组成部分之一。基于对这一问题的思考,笔者除了剖析其根源,探寻其解决的方案外,还提出以教学目标为课堂作业的核心,强调作业的针对性,谋求作业形式的多元化等观点。笔者希望这些思考能为当下美术课堂作业教学的探索提供一条理性之路。

第一节 美术教科书中作品与作业的编写演变

在本节，笔者主要探讨自20世纪80年代初以来，我国中小学美术教科书中有关作品与作业编写用词方面的变迁议题。同时，就国内其他版本美术教科书中的相关内容略作比较，以进一步说明此问题。

一、研究对象的选择与说明

笔者选择了两大地域三家出版社出版的中小学美术教科书作为研究的对象。两大地域分别是北京与浙江。三家出版社分别是北京的人民美术出版社（以下简称人美社，其出版物称人美版）、浙江教育出版社（以下简称浙教社，其出版物称浙教版）、浙江人民美术出版社（以下简称浙美社，其出版物称浙美版）。笔者选择以上出版社出版的中小学美术教科书作为研究对象，是基于以下几点考虑：

（一）人美版美术教科书的特殊性

一是人民美术出版社作为改革开放之初，我国唯一出版全国统一使用的中小学美术教科书的单位，其在20世纪80年代初出版的统编中小学美术教科书具有重大的历史意义，值得笔者深入研究。"该套教材是我国第一套中小学学生人手一册的全国通用美术课本，在中国美术教育史上是具有开创意义的……该套教材编写的时机、教材的影响和存在的问题，对现今的美术教材编写仍有启示意义。"

二是其在30余年来所出版的多套教科书，能基本折射出我国中小学美术课程改革在这些年的演变历程，并具有完整性。

（二）对本土美术教科书的实践性

浙江在这30多年中，先后经历了浙教版与浙美版两大中小学美术教科书的出版与使用，并且两者之间存在着连续性。在浙教社结束中小学美术教科书的出版后，浙美社随即开发了这一方面的业务。同时，又由于笔者所在的区域采用了浙美版美术教科书，因此笔者对其中的课例的实施过程中更为熟悉。

（三）两大教科书出版社的领先性

人美版与浙美版两大教科书在 2011 年国家颁布新修订的美术课程标准之后出版，人美社和浙美社这两家单位在 2012 年成为首批仅有的两家通过教育部审定的义务教育美术教科书发行单位，具有一定的领先性与典型性。

二、人美版中小学美术教科书中的作品与作业

就此议题，笔者对 20 世纪 80 年代初以来，人美版面向全国发行的其中三套中小学美术教科书进行比较分析，以求揭示其中的相关属性。这三套中小学美术教科书分别是 1981 开始陆续出版发行的、由上海市中小学教材编写组编写的、全国统一使用的中小学美术教科书；2011 年前后出版的两套中小学美术教科书。

（一）80 年代初的全国统编美术教科书

在这套中小学美术教科书中，全日制小学试用课本"美术"在全国一共发行了第一至第十册。另外，与该套教科书为同一系列的上海市小学试用课本"美术"六年级第一学期与上海市小学试用课本"美术"六年级第二学期仅限于上海市内发行。全日制中学试用课本"美术"共六册，全国发行。

在这套全国发行的总共十六册中小学美术教科书中，编写组一直都用"学生作品"来标示相关内容。笔者没有查寻到"学生作业"字样。

（二）2001 年起全国发行的美术教科书

人美版 2001 年 5 月全国发行的义务教育课程标准实验教科书"美术"这套教科书，是从 2001 年《义务教育美术课程标准（实验稿）》颁布后陆续推出的。

笔者对该套教科书共十八册进行认真查阅，发现其在编写的相关图例中，统一标示为"学生作业"字样。

（三）2012 年新修订的美术教科书

人美版 2012 年 5 月起开始向全国发行新修订后的义务教育教科书"美术"。这套教科书是继《义务制美术课程标准（2011 年版）》颁布后，通过

教育部审定并向全国发行的。

在这套教科书中,经笔者查阅,共十八册的相应内容都标示为"学生作品"字样。

(四)后两套美术教科书的典型比较

例如,义务教育课程标准实验教科书"美术"第十二册第5课"装饰画"。该课例明确标示有"学生作业"字样,编排了5幅作业。在同一版面,还有相应的"作业要求:请你用富于变化的线条创作一幅风格别致的装饰画"。

类似地,在新修订的义务教育教科书"美术"六年级 下册第4课"装饰画"中,该课例把原有的"学生作业"修改为"学生作品"。同时,把原有的"作业提示:请你用富于变化的线条创作一幅风格别致的装饰画",修改为"艺术实践:请你用富于变化的线条与装饰性色彩创作一幅风格别致的装饰画"。另外,对相应的5幅"学生作品"中的2幅也做了调换。

可见,修订前后,该课例同为"装饰画",把原本的"学生作业"修改为"学生作品",而实质上的内容并没有根本性改变。令人疑惑的是,两个版本中相同的3幅画作,为什么修订前称其为"学生作业",修订后改为"学生作品"呢?难道编写者对什么是"作业"与"作品"的理解有了质的变化?

三、浙江三套中小学美术教科书中的作品与作业

(一)浙教版中小学美术教科书

1991—2001年,浙教版的中小学美术教科书开始陆续在浙江省发行,逐渐代替了全国统编的教科书。在浙教版的中小学美术教科书中,小学部分为义务教育小学课本(试用)美术,共12册。初中部分为义务教育初级中学课本(试用)美术,共6册。

1. 小学美术教科书中的相关标示

该教科书由1991年7月出版第一册以来,陆续使用到2002年左右才退出。期间,一直没有再做修订。在该套教科书中,主要以图片为主,文字非常少。笔者发现在该套教科书第一至第六册中都有"中国儿童美术作品欣赏"与"外国儿童美术作品欣赏"两部分,可以看作"学生作品"的呈现。此内容与本议题具有相关性。除此之外,笔者没有见到"学生作业"字样。

2. 初中美术教科书中的相关标示

浙教版的初中美术教科书也始于1991年，先后经历了两个版本，也是陆续使用到2002年左右才退出。在该套教科书的第一版中，笔者查阅到主要是以标示"学生作品"为主，再就是相近的"同龄人的画"，或是"同龄人的作品"及特别的标示，如"苏联学生"。

依据该套教科书中的编写逻辑，"同龄人的画"应该就是"学生作品"。原因之一是在许多页面的编排中，大都将"同龄人的画"与"学生作品"这两个标示编排在同一页面中；原因之二是"同龄人的作品"标示，应该是一种介于"同龄人的画"与"学生作品"之间的"合成"表达。

（二）浙美版中小学美术教科书

浙美版中小学美术教科书，是在《全日制义务教育美术课程标准（实验稿）》颁布后陆续推出的。该套教科书在2012年前后进行修订。

1. 修订前的教科书

2003年秋季开始，浙美版中小学美术教科书开始正式进入浙江省内的中小学课堂教学之中。在这套教科书中，课例中出现了所谓"学生作业"的字样，似乎用以说明学生通过本课学习后所呈现的课堂作业效果。另外一个特点就是，"学生作业"部分的图片编排数量似乎有增多的趋势，有的课例甚至以此为主体来进行编写。

2. 修订后的教科书

2012年秋季开始，浙美版开始推行新修订的义务教育教科书·美术，共18册。在这套教科书中，将原本的"学生作业"字样，改写成了"学生作品"。

3. 两套教科书相同内容比较

例如，义务教育课程标准实验教科书·美术 一年级 2第14课神气的大公鸡中，明确标示有"学生作业"字样的3幅图片。

类似地，在义务教育教科书·美术 一年级 下册第16课"神气的大公鸡"，中在标示为"学生作品"的图片中，有一幅图案的内容与上一版本完全相同。

可见，即使是相同的图片，在修订前后却标示不同，前者为"学生作品"，后者为"学生作业"。为何会出现这一现象？

四、上海书画出版社美术教科书的编写特点

在上海书画出版社 10 余年来出版的系列中小学美术教科书中，其对"作品"与"作业"字样的编排引人注意。

例如，该社于 20 世纪末出版的《九年义务教育五、六年制小学试用课本 美术 第十二册第七课"画风景"中，分别编排了"学生作业"与"学生作品"。类似地，在近几年修订的九年义务教育课本 美术 二年级第二学期（试用本）第四单元"我的飞行梦"第 11 课"飞向太空"中，也同样在同一版面出现了"学生作业"与"学生作品"字样。

五、小结

综上所述，从 20 世纪 80 年代初至今，在人美版出版的这三套教科书中，统编教科书出现的是"学生作品"，然后在 2001 年后出版的教科书中则改为"学生作业"，2012 年修订的教科书中则又改为"学生作品"；类似地，在浙江出版的两套中小学美术教科书中，原先的浙教版也是以"学生作品"出现，而到 2003 年时浙美版新发行的教科书中则为"学生作业"，但 2012 年则又修订成"学生作品"。

从时间上来看，把"学生作品"修改为"学生作业"是人美版在先，然后出现在浙美版中；人美版是在 2012 年 5 月，浙美版是在 2012 年 7 月，分别在修订版的美术教科书中出现"学生作品"字样。

可见，人美版、浙教版及浙美版所编写的中小学美术教科书，在 30 余年的发展过程中都经历了从"学生作品"到"学生作业"，再到"学生作品"，这样一个演变过程。

实际上，上海书画出版社编写的，在同一版面出现"学生作品"与"学生作业"的现象，却与人美版及浙美版不同。这应该引起我们的思考。

到底学生在中小学美术课堂中，通过学习所呈现的成果是属于作业还是作品？我们是否一律称其为"学生作品"或"学生作业"，还是如上海书画出版社编排的针对具体的情况具体分析，然后分类标示？笔者认为，显然上海书画出版社的编排理念更加客观，更加尊重美术学科教育学的实际，实事求是地依据学生在课堂上所呈现的真实学习效果来分类标示。因此，上海书画出版社在这一方面的编排理念是值得推广的。

在下一节中,笔者将就"作品"与"作业"进行学术定义方面的考证与辨析,以得出两者之间的属性差异,来更好地为我们的美术课堂教学服务。

第二节 美术教学中作品与作业的辨析及反思

在一次听课中,笔者也发现授课教师将学生的作业一直称为"作品"。尽管这一做法有鼓励学生学习的用意并取得暂时的效果,但还是让笔者深感不安与不妥。不安的是教师们似乎一直没有建立起区分概念的理念,有滥用术语之嫌;不妥的是教师长期如此肯定会严重误导学生,危害性较大。为此,笔者深感有必要对"作品"与"作业"做一探讨,以使我们今后在日常教学中能准确地使用这两个词。下面,笔者基于学校美术课堂教学及上一节的相应思考,来展开对它们的讨论。

一、作品与作业的定义及其辨析

(一)作品一词的定义及其内涵

《辞海》中对"作品"的解释为:文学、艺术和科学领域内,具有独创性并能以某种有形形式复制的智力成果。

此定义显得广泛而明晰。前半句指"作品"包含艺术,这一点针对美术教育是没有争议的。后半句,一是强调独创性,这也与"智力"相呼应,因为独创性肯定需要人的智力劳动,否则就不会产生;二是暗示大难度,因为独创性并不容易获得,有的甚至需要几年、几十年才有可能获得;三是强调可复制性,即作品可以重复、再现;四是强调成品,是作者经过多次修正后在某一阶段呈现的最终成果。

同时,美术理论界也把"美术作品"理解为"成品"。国内的权威文献指出,"美术作品作为艺术家精神劳动的成果,具有物态化的存在方式,它标志着艺术家创作活动的完成,也是美术的接受与消费的基础"。可见,学术意义上的美术作品强调的是"艺术家创作活动的完成"后所呈现的成品。

（二）作业一词的定义及其内涵

《辞海》中与学校教育相关的"作业"定义有：为完成生产、学业等方面的既定任务而进行的活动。

陈桂生认为，"作业"（德语 arleit），在古代原指奴仆的劳作，是个贬义词。到了近代，人们才发现"作业"的教育价值，并不断拓宽这个概念的应用范围，破除了对劳作的轻视，提升了作业在学校课程中的地位，甚至一度使其成为教育中的核心价值观念。

《教育大辞典》中与学校教育相关的"作业"定义有：泛指为完成某种学习任务而布置的各类练习的通称；是衡量学习者学习有无发生，以及发生到何种程度的客观标志，也是教学活动获得反馈信息的重要渠道。

如果我们对上述的"练习"再做考证，其解释为：对同一学习任务的重复感知或重复尝试，或是刺激与反应的重复；常与复习和操练通用；影响学习的重要因素。

纵观上述三个定义，《辞海》较为笼统，把"作业"理解为活动；陈桂生对该词演变的考证与解释对笔者接下来的相关剖析具有一定的启示意义；《教育大辞典》则对该词进行了较为专业与深入的解释。

因此，笔者结合美术课堂教学实际，主要采纳第三种定义，认为"作业"首先是一种练习。这种练习是教师为了能让学生在有限的课堂时间内重复感知与尝试本课教学目标中的"知识与技能"，以期达到"学会"的程度，并有助于学生在情感、态度与价值观方面的变化与提升；同时也为教师及时了解学生的学习情况提供了参考，以便教师及时调整下一环节的教学进程。

（三）作品与作业的区别与联系

需要说明的是，由于 1998 年版的《教育大辞典》没有对"作品"进行定义，对此，笔者只依据 2010 年版的《辞海》对该词的定义来说明问题。同时，依据上述考证，笔者可以对两者的区别做如下阐述：

1. 作品与作业的不同

一是两者追求的目的不同。作品以体现人的创造性为目的，具有强烈的探索性成分；而作业则以学生学习、理解、掌握及巩固知识与技能，促进他们情感、态度与价值观的变化，以及给教师后续教学提供参考为目的，除了具有探索性之外，还存在着强烈的习得性与反馈性成分。

二是两者呈现的状态不同。作品侧重于人们探索后的阶段性成果，它几乎是一种终结性的呈现，具有不再修改性；作业侧重于学生习得过程中的阶段性练习展现，它是一种过程性的呈现，具有重复性。

三是两者呈现的程度不同。作品应该处于高水平、高层次的代名词之列，具有明显的褒扬之意；作业只是练习或操作，简单地说它通常有对错好坏之分，感情色彩为中性。对于后者，陈桂生等学者认为，在19世纪与20世纪之交，传统教育与急剧变化的社会需求产生了严重冲突，导致传统教育改革的出现，产生了"新教育"。而新教育的代表性思想即为"作业"价值的重新发现。为此，"至于西方发达国家，所谓'新教育'与'传统教育'，所谓'革新'与'保守'，都是中性概念"。

2. 作品与作业的联系

两者之间具有相关性。从作品的形成来看，学生通过6年或9年的美术学习，所积累的学科知识为他们今后初步探索有创造性的作品打下了一定的基础。为此，两者之间应该具有一定的相关性。这一点也符合以艾斯纳为代表的美术教育本质论支持者的某些观点：学生美术知识的获得与创作作品的出现是学校美术教育的成果，而不是学生自然成长的结果。因此，对于教师在课余时间辅导学生参加诸如比赛之类活动所呈现的具有创造性的作业，则应该称为作品。

（四）作品与作业的适用性

从上述的讨论中，笔者最终得出的结论是：在美术课堂内，教师对学生呈现的练习应该称为作业，而不是作品。

总之，即使从美术"天才儿童"的角度来看，一个班级中如果有那么几位很有美术天赋学生，当他们在有限的课堂作业时间内初次学习与尝试一种新的美术知识与技能时，能初步理解与掌握就已经很不错了，更不用说达到知识应用上的融会贯通与技法上的娴熟，并能提供有独创性的完整作品。当然我们也不否认"天才儿童"可能在作业的某些局部有"完美"的表现。而事实上，对绝大部分学生来说，他们的作业能达到教师预设的目标就已经很不错了，因为这反映出教师的教学至少完成了预设的目标。

二、现象背后的不良后果探究

美术教师在长期的教育教学中，如果没有意识到这两个词的重大差异的话，最终很可能造成以下几方面的不良后果。

（一）造成学生对"作品"与"作业"的误解

既然教师不区分这两个词的用法，学生一般也不会去留意它们之间的不同。长此以往，必定也会使学生在今后的学习中滥用它们。

（二）降低学生学习美术的兴趣

所谓物极必反。尽管如前所述，教师用"作品"评价学生的作业可能会有一时之效，如学生听到后会激动不已、课堂气氛会异常高涨等，但如果教师对这个词及其相近的词汇，如杰作、名作等，过于频繁使用的话，学生在高兴之余，也会怀疑自己的真实能力与实际水平，质疑教师评价的真实性。实际上，如此做法反而会降低一部分学生对美术的学习兴趣，导致他们缺乏持续学习美术的动力，甚至影响教师教学的顺利进行。

（三）使学生对"作品"产生误解

每一位参加过各类美术竞赛的教师与学生都知道，一件作品从无到有，需要师生花费大量的课内外时间及精力，深入挖掘自身的智慧。而如果美术教师长期在学生的作业中使用"作品"一词来代指的话，势必使学生认为创作出一件作品很容易，不需要积极探索，不需要视觉智能的参与，等等，进而造成学生对"作品"一词的误解。

（四）影响学生健康人格的形成

这一点主要表现在学生学习意志的形成方面。上述现象长此以往，也会造成学生无法承受进入真正意义上的创作过程中所必须面对的各种阻力的问题，如无法磨炼自己忍耐性、无法应对失败感等，从而消磨他们学习美术的意志，不利于他们健全人格的形成。

三、现象产生原因的思考

对于这一现象形成的原因，笔者认为至少有以下几大方面：

（一）教师深受美术教科书中编排的影响

在上一节，笔者讨论了在当前新修订的多个中小学美术教科书版本中，普遍存在着"学生作品"字样的编写现象。同时，目前绝大多数美术教师仍然把教科书奉为圭臬，深信其科学性，也自然会在自己的教学过程中使用"学生作品"一词。

（二）教师缺乏建立考证专业术语的理念

许多教师一直没有建立起关注专业词汇用词准确性的理念，严重缺乏采用科学理性的方法对学科专业知识加以追根溯源的考证与探索的观念。其中的一个重要原因是，许多美术教师认为自己是美术科班出身，或是已经从事了多年的美术教学工作，对作品与作业这两个词是最熟悉不过的。为此，他们认为完全可以依据自身的学识与经历来使用这两个词，而不会出现错误。这成为他们用词不准确、误导学生等现象出现的重要原因之一。

（三）教师混淆了"作品"在师生间的使用

部分美术教师由于自身同时也是美术家，因此他们也会把学生在课堂上的作业当作自己日常创作中的作品来看待，出现直接称其为作品的现象。教师由于混淆了师生间的不同身份而做出了错误的论断。

（四）教师的美术教育评价理念存在问题

客观地讲，教师用"作品"来评定学生的作业，的确能快速、简单地表明自己对学生作业的态度。但这一现象更多地折射出许多教师一贯以来对学生作业进行甄别性评定的问题，更反映出美术新课程改革10余年来，部分教师还没有建立起追求"为了每位学生的发展"，弱化甄别功能、努力实施质性评价等这样一些基本理念。

（五）教师基于鼓励学生学习美术的动机

较为明显的是，教师把学生的作业提升到作品的高度来加以肯定，具有强烈的鼓励学生学习美术的动机。客观地讲，这种动机在短期内对小学生似乎特别有效。譬如学生为了能获得教师的表扬，而表现得更加积极地学习、思考与尝试，同时也有可能有效地营造充满"竞争"的课堂气氛。但这种动机如果被强化后，似乎给人这样的印象：教师是在培养小画家，而不是在进行常规性的基础教学。

(六) 教师深受美术史中相关评论的影响

我们经常可以看到，美术史中对一个画家年少时遗留的美术成品也用"作品"来标识，甚至还会一度认定是佳作、杰作等。这种现象也无形地影响着教师的评价，导致部分美术教师感觉自己在课堂上犹如发现了一位今后能成为大画家的小天才，也会将某些优秀的作业即兴地认定为作品或杰作。

四、辨析中得到的启示

（一）美术教师必须建立专业问题的考证与探究理念

美术教师缺乏对专业术语及相关问题进行考证的现象，是不利于自身今后专业持续地发展的。为此，我们必须在教学科研中对没有把握的各类问题与现象，建立起理性、考证与探索的理念。长此以往，每一位教师必定都能促进自身在理论修养方面的提升。

（二）美术教师应该理性地评定学生的作业

对学生课堂作业的客观评价是教师首先要把持的一个基本原则。这一点也是反映教师是否真实了解学生作业情况的体现，同时也能为学生提供真实的评价，有利于师生之间下一环节的教学。讲究客观性是强调教师能理性地对待学生的作业，而不应该被自己的感性与喜好所左右进而做出臆断。

（三）美术教师应积极探索作业评价的策略

中小学美术教育的目的不是培养小画家，而是为了提升学生的艺术与人文素养。因此，教师完全没有必要一味地朝成人化、大师级的"作品""大作""杰作"等方面去评定。如何有效地评价学生的作业，其实存在着许多策略，特别是有关描述取向的评价，需要我们今后深入地去研究、去探索。这样，教师最终能不断地开发出适合学生学习的、可持续发展的质性评价策略。正如钟启泉所强调的，课堂评价的重心需要从对学生学习的量的评价，转向对学生学习的质的评价。

（四）美术教师应该关注学科间的横向比较

对于作业问题的探讨，教师还应该建立起横向对比的视野，从对其他学科的观察中来更清晰地审视本学科的相关行为。例如，在一般性的语文学科作业中，教师通常要求学生通过抄写来掌握本课中新出现的生字与词语，并能进行简单的造句，以及背诵课文段落等；在数学教师的课堂作业中，教师通常要求学生能简单套用本课中讲授的公式，正确认识其变形，以及正确解答基本题型，等等。应该说，中小学课堂教学中出现的作业还是具有一定的相似性，毕竟语文与数学的课堂作业不是以培养学生成为小作家、小数学家为目标的。那么，我们在美术课堂的作业中，为何要无形之中去培养他们成为小画家呢？

五、结语

至于上一节中美术教科书为何出现从"学生作品"到"学生作业"，再到"学生作品"的现象，笔者认为，编写者同样存在上述问题，以致在编写过程中对此举棋不定，甚至人云亦云，最终出现如此的演变过程。

综上所述，笔者强调的是，两个词语的概念与内涵存在较大差异，根本不能互相代替使用。为此，笔者希望通过对这两个词语的剖析引起同行们的重视，并在今后的课堂教学与教科书编写中谨慎使用它们，以促进我们的日常教学朝着更加符合其发展规律的方向发展。

第三节 课堂作业不是要求学生完成一件作品

笔者发现，当前许多中小学美术教师在单课时的作业教学环节，往往有意无意地要求学生完成一件完整的作品。这种做法无论在教师们的日常教学，还是省、市及全国性的课堂教学展示与评比活动中都似乎较为普遍。为此，笔者暂且将上述现象称为"以'完成一件作品'为课堂作业教学目标"，并由此引发下面的思考，力求剖析其缘由，揭示其所隐藏的问题与危害，努力给广大美术教师一个正确的认识。

一、以"完成一件作品"为课堂作业教学目标的典型呈现

下面，笔者基于作业教学环节的三大基本组成：作业布置、练习与展示评价，来加以分别论述。

(一）课堂作业要求高难度

如果我们在听课中能仔细留意一下教师所出示的"课堂作业要求"，就会发现其中的问题。

例如，在一节小学四年级"安全标识"的课堂上，上课教师出示的课堂作业要求为：①简洁、实用、有创意；②合理运用色彩、图案及形状等设计要素；③涂色均匀，颜色搭配和谐；④制作细致，线条工整。

从中我们不难看出，实际上该教师要求学生在短时间内完成的是一件较为完整的安全标识作品。学生不仅要充分运用该节课的重点知识"标识的色彩、图案及形状"，而且还要讲究创意及用色。这对学生提出了很高的要求。

实际上，类似的现象在许多教师的课堂中是非常普遍的。

（二）学生难以完成课堂作业

事实上，在上述作业要求下，学生在限定的时间内大多难以完成。他们在教师的催促声中从一张白纸开始练习，往往又在不知不觉中已经深感没时间再继续深入了。这时，很多学生往往只画了一个大体，或是一个轮廓，还没充分体验本课练习的重点，教师就"没收"了他们的作业。我们总能看到教师通常是以"抢夺"的方式来抓取学生作业的情景，并匆匆实施下一个环节的教学。

（三）教师重视优秀学生作业

在有限的作业展示与评价时间内，教师通常以讲解所谓"优秀的作品"为主，并以此来鼓励全班同学的学习成果。这给听课者留下这样一种印象：他们总是在努力营造一个学生整体上获得较大进步的教学成果展示与分享的氛围。此外，许多教师对部分存在严重问题的作业则是蜻蜓点水、一笔带过，或是装作没看见。当然，我们也就更难见到师生间讨论作业的情景了。

二、以"完成一件作品"为课堂作业教学目标的危害

（一）改换以学生为主体的教学目标

实际上，我们通常看到教师们不吝运用各类展板、大型空白册页、精美的画框等，来尽最大可能去装饰与美化学生的"作品"，无论是完成的还是

没完成的。这种把普通学生作业使劲儿往完美作品方向包装的做法，已经超越了单纯展示学生成果，强化他们美术学习兴趣的初衷，而沦为展现自己教学成果的自留地这样一种隐性的目标。

（二）异化作业评价环节的特有功能

实际上，上述做法几乎阻断了教师对学生学习情况的整体了解。这继而导致教师难以在评价环节将他们普遍存在的问题给予重点剖析与及时纠正，也就更难以深化教学了。可见，这样的教学起不到这一环节应有的反馈学生掌握程度、巩固重要知识与技能的作用，变得形同虚设，只是走个过场而已。

（三）影响后续教学环节的正常进行

笔者发现，有些教师为了能获得所期待的学生作业效果，不惜让他们在课堂练习中花费大量的时间。而学生课内练习时间的增加，必然影响到课堂小结及课后作业布置环节的正常展开。最终，教师或是靠拖课来快速带过这些环节，或是干脆去除了后续环节而直接结束教学。

（四）弱化美术学科存在的独特价值

这种以完成一件完整的作品为终极目标的作业教学，实际上反而会给其他学科教师造成美术学科学术性低下的负面印象。他们会认为学生在十几分钟时间内就完成了作业，如变戏法一样，美术作品怎么这么容易产生？更让他们疑惑的是，明明学生的作业很一般，可是为什么上课教师却大力鼓吹其为"作品"，并且效果通常都很好？长期如此，非美术学科的人们会进一步产生如学生学习这门学科太容易了、这门学科的学术性在哪里、学校还要不要重视这门课程的建设等这类问题。

三、美术教师深陷以作品为教学目标的多维解读

笔者认为，美术教师主要是基于以下几方面的因素，导致了以作品为课堂作业教学目标的现象的产生。

（一）过于追求教学的功利性

上课教师为了能吸引学生的注意力并给他们制造惊奇，以及为获得评委们的青睐而取得一个好成绩，他们往往不顾学生学习美术的认知水平与教学

理论，刻意追求作业的完整性，继而彰显自己教学的有效性。如此，教师在课堂中故意提高学生作业难度的现象也就不足为怪了。

（二）没有建立起对美术教科书的相关质疑

由于当前美术教师识读课例内容时大多以忠实取向为主，为此他们往往会默认教科书中的学生作业是真实可靠而又具学术性的。这就折射出以下几个问题。

1. 几乎不会质疑课例编写者的专业水平

由于美术教科书事先经国家权威机构审定通过才能发行，中小学美术教师大多对其内容的权威性与学术性深信不疑，也就很少会去质疑编写者的专业水平，因而几乎丧失了自己的判断与探索能力。另外，部分美术教师懒于思考与创新，以至于长期沉陷于被美术教科书所牵制的窘境。

2. 几乎不会质疑课例中学生作业的各类问题

同样，教师也很少质疑美术教科书中学生作业的真实性、难易度，以及完成作业所需要的时间等一系列问题。这也导致那些有问题的学生作业反而误导了教师忠实取向的教学。即便教师按照该课例开发者的教学进程来进行，但所教学生的作业却难以取得类似的效果。更可悲的是，在他们深感困惑甚至不解之时，仍难见其有质疑、批判及探究的意识与行动。

（三）严重缺乏对作业教学的深入理解

由于许多美术教师本身在教学论修养方面严重不足，这也导致他们对作业教学环节到底要解决什么问题、起到什么作用、有何教学原则、要注意哪些事项等问题，大都没有一个清晰的认识框架。这最终导致他们将作业教学环节只是理解为一个程序，而不会去深入思考其中的具体目标，并严防自身无效教学行为的发生。

四、建立美术课堂作业教学的理性观

在美术课堂中，教师必须努力设计真实、可信，而又直击教学目标的作业教学。

(一) 明确美术课堂作业教学的重要功能

实际上，作业教学环节主要是学生对教学重点加以强化理解、巩固与应用，进一步巩固前一环节所学的知识与技能；再通过师生间的评价等策略使教师及时发现学生在上述方面的缺陷与不足，并对他们提出下一步学习的建议；同时也有助于教师及时调整教学进程等。为此，作业教学在整节课中具有重要的功能与重大的意义。

(二) 建议针对三大类作业进行展示教学

在美术课堂教学中，教师应该尽可能关注每一位学生的作业问题，而不是只展示与表扬个别学生的优秀作业。这既符合美术新课程所倡导的坚持面向全体学生的教学观，又有助于提高教学的有效性。

为此，笔者一直建议教师在此环节应选用三大类典型作业来进行教学：首先，挑选正态分布中能代表大多数学生学习水平的典型作业，这通常是展示与评价环节中的重点类型；其次，选择存在严重问题，即视觉智能低下学生群体的个别典型作业；最后，展示少数视觉智能超常学生的优秀代表性作业。因时间的限制，每一大类的典型作业最好不要超过两张，以便师生能较深入地进行讨论与评价。

笔者倡导的学生作业展示顺序正好与上述教师的做法相反，以尽可能揭示大多数学生在学习中所存在的疑难与不足，并尽可能让全班学生都有一个评价自己作业优劣的参照。至于美术教师如何在极短的时间内选出这三类典型的作业，则是其教学机智的体现，也是一位教师对该课例中的教学三维目标是否深刻理解与领会的综合展现。

(三) 正确看待美术教科书中的学生作业

1. 质疑教科书中学生作业的真实性

广大美术教师千万不能把教科书当作无法超越的范本来进行膜拜，而应努力去识读教科书编写与成型过程，包括课例中所印制的学生作业的真实性。

首先，应质疑作业的真伪。我们似乎可以这样认为：课例中印制的学生作业，绝大部分由学生独立完成，这部分作业可能是在单课时的十几分钟内完成的，也很有可能是社团课、兴趣小组等单元教学活动中的成果；但也有一部分是教师修改后的学生作业；还有一部分则很可能是以教师自身的作品为主,再让学生添加几笔来充当学生的作业的;当然我们也会发现个别"学生作业"很可能纯粹是教师作品替代的。尽管美术教科书在送全国中小学教材审定委员会审核时,通常需要详尽列出学生作业的学生姓名、时间、地点等具体信息,但还是有一些作业的效果让笔者强烈怀疑这不是这个年龄段的学生通过学习该课就能达到的。

然后,应质疑作业的时间。美术教师应估算学生完成教科书中该作业所需的时间。可以肯定的是,这些作业并非都能在十几分钟内完成。因此,我们通常不能要求自己学生的课堂作业也达到类似的效果。否则既让学生难以达到,又会打击他们的学习积极性。对此,我们要识读作业的耗时问题,从而更切合实际地设计学生的课堂作业量。

2. 反思教科书中学生作业的有效性

在备课环节,我们不能轻视教科书中的学生作业范例,应该深入思考其有效性。毫无疑问,课例中编写一些同龄人的作业,有助于教师教学参考与学生学习。但问题是这些学生作业,到底能否充分展现绝大部分学生学习本课后普遍所能达到的效果,或是否能暴露出较为普遍与典型的问题,以便给师生们借鉴与启示,真正起到上述提到的作业环节的评价功能?这是需要教师们思考的。

(四)借鉴其他学科作业教学的有益成分

实际上,美术学科中的作业通常犹如语文学科中的作文、数学学科中的综合题,是一个高难度的复合题。

如上一节相关内容所述,在语文学科的课堂练习中,教师不会要求学生学习本课知识与技能后就能马上应用在写作中,并要求写出一篇好作文,以彰显他们完全掌握了字、词、句及相关语法等内容。在常见的课堂中,语文教师是通过学生进一步加强对字、词、句的朗读与简单应用等方式来进行练习的,几乎不会出现要求学生写作文这类高难度作业。

类似地,数学教师通常是不会把课堂中刚刚讲授的公式,马上应用在一个综合性的题目中,要求学生来进行解答。

因此,语文、数学等学科的课堂作业设计值得我们借鉴:只要求学生在十几分钟时间内进一步深入练习、巩固几个知识与技能要点,而不是贪全、贪广。

（五）设计让学生直击核心知识的课堂作业

美术教师应该对学生的作业范围进行精心设计，特别要深入思考如何帮助学生高效利用十几分钟的时间，直接围绕本课核心知识来进行练习的问题。例如，教师应该事先在发给学生的作业媒介上帮助他们完成非本课练习要点的一些步骤，以尽可能缩小练习的范围，突出练习的核心环节或步骤，以便于他们直击靶心、深入体验。可见，教师作为"脚手架"帮助学生快速学习的辅助性应该得到充分体现。这样，一般能保证学生在短时间内完成任务。

五、结语

长期以来，在我们的美术课堂作业教学中，一直存在着"高、大、全""假、大、空"的问题，并时常如幽灵般萦绕在我们的身边。现在已经到了需要我们反省的时刻了。

作为美术教师，不能只关注眼前教科书所呈现的内容，也应去努力探索与找寻其编写团队、学术能力与背景，以及修订、出版发行等众多环节中尽可能多的信息，直至整个过程。这有助于我们跳出美术教科书的束缚，更全面、更深刻地识读包括学生作业在内的课例的所有信息，也便能提升教学的有效性。

笔者强调，学生在单课时的美术课堂内所完成的真实作业，因为是针对学科中的某一个或几个知识与技能要点的，所以通常是不完整的、不完美的，是半成品，也就不应该称为作品，因为还没完成。也正是这些特点，才能让学生深入体验美术学科中每一个知识与技能要点的内在魅力，并感受其独特性，而不是追求不符合教学实际的作业效果。后者，只能是一种被编写者与美术教师所误导的、严重偏离学生学习真实性的假作品，低效甚至是无效的作业。

同时，笔者也想借此机会对美术教科书编写者提两点建议：首先，一定要本着真实的原则，选用完全出自学生之手的作业；其次，本着学术的原则，精选典型的正态分布的学生作业，如果版面许可，也应展示一幅有代表性的不良作业，并做简要说明。这样的编写将更能提高教学的针对性。编写者切不可一味编印所谓完美的作业来愚弄教师，甚至成为新课程改革的绊脚石。

如果我们从整个中小学美术课程设计思路来看，其原理其实就是把学科知识与技能进行分解与细化,并落实在每一节课的作业教学中,让学生在由简到繁、循序渐进中扎实练习、深入理解与探究。如此,我们才能期望学生经过九年科学的美术学科学习,大都能形成完整的学科知识与技能体系,并形成相应的逻辑结构。最终,他们就有可能获得一定深度的、包括创作与欣赏完整作品在内的基本美术素养。

第四节 课堂作业教学中的若干问题再探讨

在中小学美术课堂教学中,我们通常会重点关注新授内容,而放松对课堂作业环节的教学。笔者把后者称为"美术课堂作业教学"。其实,此环节也是我们一个重要的教学阶段:学生能及时练习与巩固本课教学要点;进一步达到教师预设的教学目标。为此,课堂作业教学在整个美术课堂中具有重要意义,绝对不能轻视。

一、美术课堂作业教学中的典型现象

笔者发现,许多美术教师对课堂作业教学并没有引起应有的重视,并存在许多问题。下面,笔者就其中的典型现象做一梳理。

(一)作业无效较普遍

在中小学美术课堂作业教学中,最突出的一个问题就是作业的无效性。它主要体现在:大多数作业处于重复最基础的、非本课重难点的一般性作画阶段;作业难以进入本课教学目标所细化的核心练习区。作业无效性也预示着学生没有达到教学目标中的要求。

(二)作业时间被延长

笔者观察到,在许多美术课堂中存在着课堂作业练习时间失控的现象:由于在有限的时间内作业没有出现预期的效果,教师不得不延长学生练习的时间。这继而影响到其他教学环节的顺利进行,如出现教师简短的评价、匆忙的小结,甚至严重拖课等现象。

(三) 作业形式不丰富

这主要体现在以下方面：一是目前的作业形式主要以手绘、纸工为主，如各类平面绘画、手工设计与制作等；二是特殊材料的作业非常有限，除去教科书编排中的特别要求外，实际上泥塑、陶艺、雕刻等形式是很少见到的；三是教师自己开发的其他作业形式几乎难以见到，特别是观念性的作业等。

(四) 作业音乐太随意

课堂作业期间的背景音乐设计不妥，主要表现在教师对音乐选择的随意性：一是通常播放流行音乐，往往是教师放给自己听的，而不是放给学生听的；二是音乐不符合主题，背景音乐与学生作业内容之间缺乏相关性；三是音乐播放不连续，有时会突然中断，影响学生练习时的心情。

(五) 作业评价缺思考

作业评价缺思考主要表现为以下方面：一是评价不及时，部分教师没能实施边指导边评价学生作业的"双边策略"，而是等学生大都完成了作业再进入评价环节；二是评价没有重点，部分教师没有结合本课的教学要点对作业展开深入评价；三是作业选择存在偏向，教师往往选择那些"有效果的"作业进行重点展示与点评，而把所谓"差的"作业给回避了；四是评价标准有问题，许多教师与学生都以作业是否达到教科书中的范画水平作为评价的标准；等等。

二、美术课堂作业教学现象的原因剖析

(一) 教师专业素养的缺陷

1. 美术教师在备课环节忽视材料问题

部分美术教师在备课环节很少关注材料问题。它包括：教师自身应该提供给学生哪些相关材料；学生应该准备哪些材料；预计材料在使用过程中会出现哪些问题；我们应该如何更好地安排材料的使用；等等。

如在一堂有关果壳拼贴画的课堂作业中，一位教师事先没有明确说明学生所带的果壳中不能有食物，也没有预计学生会带瓜子等物品，结果在课堂作业教学中，出现了许多学生边吃瓜子边用吃剩的壳来制作拼贴画的不妥场景。

2. 美术教师对课堂作业的理解滞后

第一，把美术作业简单理解为平面手绘与纸工制作。尽管学生采用纸质材料、利用铅笔等简易工具进行绘制作业是最常见的练习方式，但从长期来看，这种作业形式固定不变的话就会有问题。这至少说明部分教师对美术作业设计没有一个更宽泛的理解。

第二，把美术作业简单理解为单纯的技法训练。尽管美术新课程的基本理念之一是"我们对学生所实施的不是专业美术教育，而应该是生活美术教育"，但由于许多美术教师对新课程的基本理念在理解上还存在着一些误区，以及个人深怀对技法的迷恋，最终表现在教师对课堂作业的设计上仍然以单纯技法训练为核心。

3. 美术教师在教学设计中存在重大问题

一是作业切入面不精确。由于教师在备课环节没有对本课教学目标进行细化，影响到教师对课堂作业教学的切入面的精确性。由于这些切入面的不精确，进而导致作业范围难以圈定。

二是作业重点没强调。作业重点是对上述圈定的作业范围做进一步的缩小与提炼，最终体现在几个所谓的"点"上。在学生真正能用于练习作业的时间往往不会超过20分钟的现状下，美术教师如何充分利用这段时间让学生对重点技能进行练习，许多教师没有进行深入思考并引起重视。事实上，学生如果在这段时间内，能就重点技能进行重点训练的话，通常能收到预期的效果。

三是作业过程没有取舍。强调取舍也是上述两点的必然结果。许多教师没有要求学生"跳过"那些基础性的、非本课讲授的知识与技能，而是如上一节所述的笼统地要求学生完成一张完整的作品。这势必需要学生花费大量的时间才能实现。这也是造成作业时间短促，其他教学环节被迫压缩甚至放弃等现象的根源。

4. 美术教师技能薄弱影响作业设计

美术教师创作经验的缺乏影响课堂作业的设计。从我国当前美术教师的培养模式来看，许多中小学美术教师在职前的技能学习过程中，只是学习一些基础技法，很少或者根本没有涉及美术创作。工作后，如果不是出于个人的兴趣与追求，绝大多数美术教师也基本与美术创作隔绝了，更谈不上对创作过程的探索与体验。在这样的现状下，美术教师对课堂作业的设计通常会出现过程模糊、细节不明确与设计简单等一系列问题。

5. 美术教师对学生水平考虑不周

教师对学生手工的精细性与认知水平等方面考虑不周。一是教师布置的部分作业对学生手工的精细性提出了过高要求，许多学生难以达到；二是由于教师没有考虑学生注意广度的有限性，再加上教师缺乏对他们进行整体性观察的训练，学生的作业往往呈现出画幅小、局部完成等问题；三是教师对学生个体作画习惯缺乏关注与指导，以致出现作业越画越脏、无法完成作业等现象。

（二）作业材料的严重缺乏

在那些缺少作业材料的课堂中，教师通常只能以降低或牺牲学生美术学习的质量为代价，而把作业退化成平面的纸质绘画训练。造成美术课堂作业材料严重不足有许多方面的原因。笔者认为，以下几点尤其值得我们反思。

1. 国家与学校提供的材料非常有限

在当前我国义务教育阶段，学生美术作业材料主要由国家免费提供，为此材料非常有限。这些材料除了能大致满足教科书中的部分作业外，其他绘画工具与材料，如各类颜料、彩色橡皮泥等几乎不提供。在当前学校几乎不提供课堂作业教学经费的情况下，这一问题显得尤其普遍与突出。

2. 学生提供的作业材料参差不齐

我们经常在班级中发现，总有些学生无法准备齐全作业所需的各类材料。究其原因，主要在于，时常要花费金钱给孩子购买材料是许多家长所无法理解与接受的。这一点也往往让许多美术教师既抱怨又无奈。

3. 教师面临提供材料的巨大压力

目前，由于美术课程实行国家、地方与学校的三级管理制度，美术教师每学期需要开发或者增补一定数量的课例来完成一个学期的美术总课时。而美术教师所开发与增补的课例作业材料则完全由教师与学生共同解决，其中又以美术教师为主要承担者。这给美术教师提出了新的难题。

4.教师没有树立起正确的材料观

当前，部分美术教师要么把自己理解为高贵的艺术家，对教学不屑一顾——不认真准备教学所需的材料；要么把自己理解成"纯粹的教师"，懒惰地只使用粉笔、书本与电脑——不想使用各类繁杂的材料，等等。这些观念都严重地阻碍了美术教师对材料重要性的认识。

（三）范画的缺陷、误解与解读

在当前师生没有或者很少有机会欣赏美术作品原作的情况下，我们更应该反思范画问题。

1.范画本身存在瑕疵

教科书中的范画主要由经典作品及同龄人的优秀作品等组成。它们的主要问题如下：一是由于同龄人创作的部分优秀作品在制作技术等方面难度过高，许多学生难以解读，这在一定程度上影响了学生的学习自信心；二是许多范画的印刷或多或少存在掩盖原作细节、色调误差较大等缺陷，让学生难以感受原作的魅力，进而影响他们对本课教学要点的理解。

2.错误解读优秀范画

美术教科书中刊登了许多同龄人的"完美作业"，可以说是同龄人中的优秀作品。教师与学生出于对教科书的"完全信任"与"顶礼膜拜"，往往接受了这类作品给他们的错误隐性暗示：教师与学生都以完成一张完整或优秀的作品为评价的最高标准。

3.美术教师应当批判地解读优秀范画

如上一节中笔者对此问题所剖析的，实际上，教科书中的许多范画不太可能是同龄人在一节课内完成的，绝大多数学生在这么短时间内也是难以达到的，等等。这也提醒我们，美术教师需要用批判的理念去正确解读这些范画。

三、美术课堂作业教学的几点建议

（一）学校应该为教师提供教学经费

如前所述，学校作为中小学美术教育最直接的管理部门，应该尽量在每学期为美术教师提供一定的教学经费。如果美术教师拥有一定数额自己可以支配的教学资金的话,也就有提供课堂作业材料经费的可能。例如,美国学校一般都给教师少量的、自己可以掌握的、可用于购买补充教材和教学用具的资金。笔者认为,国内的中小学校长也应该具有这样的眼光。

同样,学校也应该积极为美术教学提供设备方面的经费支持,以促进美术课堂作业教学的顺利实施。

(二) 教师应该多途径收集各类材料

美术教师应该把自己理解为"收破烂者"。美术学科的性质决定了我们应该关注身边的各类材料,并及时收集。日常生活中的各类材料往往能在美术课堂作业中起到重大作用。为此,教师应该尽自己最大可能去收集各类材料,包括学校中的各类废旧物品。同时,美术教师也应该充分利用学校的空余教室来贮藏这些材料,并进行分类,便于日后取用。

(三) 利用取舍原则来设计课堂作业

教师教学的主要任务是帮助学生达到教学目标中的预设要求。为此,我们必须牢牢把握一个基本原则取舍。"取"就是凸显教学目标,兼顾教学重点与难点,作业必须针对上述要点来展开,并要求学生直接进入"核心作业区域";"舍"就是舍弃不必要的作业步骤,去掉那些与教学目标无关的内容,从而避免学生花费一定的时间去学习与练习非本课的知识点或技能。

例如,某省出版的小学美术教科书中有一课例"巧折巧剪"。有些教师要求学生先折纸,然后画出相关图案,最后实施剪与刻。此类作业往往使许多学生在画图案环节浪费了大量时间,并且图案效果也很不理想,最终许多学生的作业无法达到该课的要求。相反,有经验的教师则事先为每一位学生准备了辅助的线描图案,帮助学生舍弃画图案这个环节,直接让学生折纸后进入剪与刻的环节。后一个方案不仅节约了时间,而且让部分学生还有一定时间进行探索,作业收到了预期的成效。

(四) 把教学难点延续到课后作业中

如前所述,由于课堂作业的时间非常有限,在学生初步体验了基础知识与基本技能后,教师应该在课后作业布置中注重对作业难点的精心设计。这能让学生充分利用起课后的时间来进一步巩固本课重点,探索难点。这些难点,主要包括技法的要点、作业的精细性与完整性等。最终让学生能在课外完成一张较为完整的作业；或者说，完整的作业通常是学生在课外完成的。

例如，在初中某课例"暑假作业册设计"的教学中，我们通过分析该课的教学重点与难点后，明确课堂作业环节要求学生用色彩设计出封面的大体效果。学生可以用彩色粉笔或油画棒在纸张上较快地涂出大体色，确定封面的色调、图案的位置、黑白灰关系及文字的排列等，来完成课堂作业。在课后作业阶段则要求学生把处于大体色阶段的封面进行深入刻画，对图案进行精细制作，确定具体字体等，最终呈现一张较为完整的作业。

（五）背景音乐选择的几大要点

笔者认为，课堂作业过程中的背景音乐选择应该考虑以下方面：一是所播放的音乐最好没有歌词，以防止其分散学生的注意力；二是音乐的节奏要舒缓，为的是给学生创造一个心情愉悦的作业环境；三是教师应该选择儿童音乐，符合儿童的欣赏水平；四是音乐最好是本地域、本民族、本国的文化精粹，其次考虑选择国外的；五是音乐播放应该是连续的，防止出现中途停止的现象，打断学生的注意力。

（六）学生作业的三大典型指导

如上一节所述，由于学生学习能力的差异，我们应该考虑他们作业的正态分布问题。对于那些"天赋儿童"的作业，我们应该允许其在达到教学目标之后进行拓展性探索；那些数量最多、水平一般的儿童的作业，则应该成为我们课堂中重点指导的对象；对于那些"缺陷儿童"的作业，我们应该降低对他们的要求，并给予鼓励与关爱。

尽管我们在有限的作业时间里几乎无法做到顾及每一位学生的作业，但有意识地尽最大努力去指导这三大类学生的典型作业是完全有可能的；或者说，尊重这三大类学生的典型作业也就是尊重所有学生的作业。

（七）课堂作业评价基准与要点

一是课堂作业评价的基准。评价也应该以学生是否达到本课教学目标为准绳，而不是如上节所述的完成一幅优秀的作品。在有限的时间内，学生作业所能达到的水平通常只能是处于创作过程的某个阶段，如处于"涂大体阶段"，或者说是呈现出某种效果。实际上，如果绝大多数的学生都能达到这种程度的话，那已经很不错了。这一点应该成为我们评价作业是否达到教学目标的基本准则。

二是课堂作业评价的要点。同样,如上一节所述,在课堂作业评价对象的选择上,也要精选上述三大类学生的典型作业。这样就能有重点地对部分作业进行较为深入的评价,让学生真正感受到评价环节带给他们的启示,帮助他们更进一步领悟知识或技能的要点。同时强调,在评价作业数量的选择上,笔者坚持认为应该以占主导数量的常态水平作业为多数,兼顾"天赋儿童"与"缺陷儿童"的作业。

(八) 及时收集典型的课堂作业

关于学生课堂作业的保存问题。美术教师应该采用各种手段及时收集学生的课堂作业,对典型作业应该建立实物或电子档案袋。同时,在实物收藏时教师也应该出具印有学校名称的"收藏证书"来鼓励学生。收集到的这些作业也可为教师日后教授同类内容、展示学校艺术教育成果、印制学生作业画册等方面做准备。

(九) 谋求作业形式的多元化

目前我们的课堂作业基本以审美表现为主,属于传统意义上的纯美术作业。为此,在后现代社会的今天,随着美术概念的更新及世界美术教育理念的不断变化,我们对美术作业的新形式也应该有所探索。笔者认为,观念性作业应该成为我们探索的方向之一。鉴于观念艺术(concept art,idea art)及观念性作业等概念的复杂性,笔者在此仅以下列案例给予简单阐释,希望能引起广大同行的关注与探索。

例如,在小学美术课例"色彩的世界"中,该课的教学重点之一要求学生理解"色彩推移"的内涵。通常教师的教学方法是让学生直接进行技能练习。但笔者依据当时课堂上学生穿着五颜六色的羽绒衣,就临时设计了一个"色彩推移"的观念性作业。笔者请出若干位穿着各种红色调羽绒衣的学生,并请他们站在讲台前,让同学们讨论如何利用色彩推移的概念对他们进行排列。学生在好奇与愉悦的情境中,分别阐述了进行不同排列的理由,并进行了各种排列实践。这让他们既感受到自己就是色彩的化身,色彩就在他们身上,又深刻理解了色彩推移的知识要点。观念性作业收到了良好的效果。

四、结语

上述对美术课堂作业教学的探讨，只是笔者一些粗浅的认识与感悟。随着新课程改革的深入，这个话题也会与时俱进。这就需要我们留心其变化，并及时反思与总结。笔者深信，这些努力将有助于我们把美术课堂作业教学推向更加科学的轨道。

第四章 中小学美术教育课程研究

第一节 美术课程的概念

(一) 课程的含义

"课程"一词在中国早已有之。唐朝孔颖达为《诗经·小雅·小弁》中的"奕奕寝庙,君子作之"句作疏,"维护课程,必君子监之,乃依法制",意思是做事时要按一定的程序。宋代朱熹在《朱子全书·论学》中又有"宽着期限,紧着课程""小立课程,大作工夫"等话语。其中,课程并没有涉及教学,而仅指学习内容的次序安排和规定。也可以说,我国古代对"课程"的释义与今天对"课程"的理解有一定的距离。到了近代,我国由于班级授课制的施行与赫尔巴特学派"五段教学法"的引入,教学的程序及设计开始受到关注,于是课程的含义从"学程"变成了"教程"。至20世纪30年代,朱智贤将"课程"定义为"学校的课程,是使受教育者在校里规定的期限内,循序继续得着各种应得的智识和训练,以求达到一种圆满生活的精密计划"。

在西方英语世界里,"课程"(curriculum)一词最早出现在英国教育家斯宾塞(Spencer)的《什么知识最有价值》(1859)中。由于"curncu-lum"是由拉丁语"currere"派生而来,其意为跑道(raceicourse),人们最初普遍将课程定义为学习的进程(course of study),简称"学程"。这一解释曾受到了广泛的认可。因此,在英国牛津字典、美国韦伯字典、国际教育字典中都是如此解释"课程"的。但这种解释在当今的课程文献中受到越来越多的质疑。人们重新考据课程的拉丁文词源,既然"currere"一词的名词形式意为跑道,其动词形式应是奔跑。因此,课程就应理解为是为不同学生的奔跑而设计的不同轨道,即促进学生成长的课程体系。由于这种理解强调学生的个体性与独立性,建构重视个体认识与个人成长的课程理论自然产生。

如今,课程在我国有两个方面的理解。一方面是狭义的理解,即单指某一门学科;另一方面是广义的理解,即指学校学生所应学习的学科总和及其进程与安排,同时也包括学校有目的、有计划的教育活动,一般以课程计划(教学计划)、课程标准(教学大纲)和教科书来体现。

(二)美术课程概述

美术课程是众多课程中以美术作为一门学科的课程。美术课程既具有"课程"狭义化的含义,即指一门单独的学科,又具有广泛的"课程"含义,具备一定的目的性、计划性,有着完整的课程计划、课程标准与教科书。

关于美术课程独立设立的含义与意义,美国课程学者及美术教育学者艾斯纳从一般教育学课程出发,对美术课程做了这样的解释:"为了使一个或多个学生得到教育经验而特别安排的系列活动……这种连贯性的系列活动可以由学生在没有教师的指导下自行安排,也可以由师生共同安排,或由教师独自安排,或由一群课外人士安排而由教师执行。还有,课程可以设计成短期的或长期的,包括整个学年或连续几年。"

关于美术课程的建构,其中美术知识的选择与课程的组织最为具体和困难。为了实现良好的课程目的,课程内容不能随意堆砌与安排,必须遵循一定的教学规律而进行有目的、有计划的组织。例如,加拿大将美术课程内容分为创作与制作、批判与回应、文化与历史三部分;澳大利亚将美术课程从内容上分为创作、制作与展示,艺术鉴赏与评论,过去及现在的情景三部分;日本将美术课程分为表现与鉴赏两部分;美国则将美术课程分为六个部分,即理解和应用媒体、技法和过程,运用结构和功能的知识,选择和评价一定范围的学科材料、符号和观念,理解视觉艺术与历史和文化的关系,思考和评估自己和他人作品的特点及优缺点,建立视觉艺术与其他学科的联系等。

由此看来,不管采用哪种分类方式,美术课程的学习内容一般都可分成三大类,即美术创作(创作、制作、展示)、美术批评(欣赏、批评)、美术历史(历史、情景、文化)。根据这种分类思路,当前我国将义务教育阶段的美术课程分为造型·表现、设计·应用、欣赏·评述、综合·探索共四个领域;高中阶段的美术课程则分为五个系列、九个模块,其中五个系列是美术鉴赏、绘画雕塑、设计工艺、书法篆刻、现代媒体艺术，九个模块则分别是美术鉴赏、绘画、雕塑、设计、工艺、书法、篆刻、摄影与摄像、电脑绘画与电脑设计等。除了这种划分方式，课程内容在设定时还要涉及学生的学段、学习的领域、学习的目标等众多方面。

第二节 美术课程的基本原则

一、美术教学原则概述

（一）美术教学原则的含义

所谓教学原则，是在总结教学实践经验的基础上，依据一定的教学目的和对教学过程规律的认识而制定的指导教学实践活动的基本准则。而美术教学原则，则是在总结美术教学实践经验的基础上，根据美术教学目的和对美术教学过程规律的认识而制定的指导美术教学工作的基本准则和一般原理。

（二）制定教学原则的依据

在教学原则的制定依据上是见仁见智。但一般情况下制定教学原则的主要依据有以下几个方面：

1. 教学实践的经验

教学实践是制定教学原则的原始依据。事实上，人们最初提出的教学原则大多数是自己的教学实践经验。实践是检验真理的唯一标准。教学实践经验既是制定教学原则的依据，又是检验教学原则的标准。教学原则是否正确、有效，不是凭几个人的主观意愿决定的，而唯一的检验标准就是教学实践。

在人类社会长期的教学实践中，人们积累了丰富的教学实践经验，提出了反映当时教学客观规律的教学原则。例如，我国古代孔子"其身正，不令而行"的言传身教原则；"不愤不启，不悱不发"的启发诱导原则；"学而不思则罔，思而不学则殆"的学思结合原则；朱熹"未得乎前，则不敢求乎后"的循序渐进原则；"孔子教人，各因其材"的因材施教原则；"学然后知不足，教然后知困"的教学相长原则等。还有许多中外学者提出了许多教学原则。由此可见，教学原则是教学实践经验的结晶，是教学规律的高度概括。

2.教育教学目的

教学原则是在教学实践中总结出来的,而教学实践又是为完成一定的教学任务、实现一定的教育教学目的服务的。因此,教育教学目的对教学原则的制定有着重要的影响。随着时代的发展、教育教学目的的变化,教学原则也需要发生变化或充实调整,以适应时代发展和教学目的的变化需要。例如,美术新课程与教学目标的制定提出了许多新的内容要求。这就要求教师探索与新课程目标相适应的综合性、自主性、探究性、合作性的教学原则,实践知识与技能、过程与方法、情感、态度与世界观的方式方法。

3.教学过程的规律

教学原则是对教学规律的反映,它的制定又必须以教学过程的规律为依据。这是因为教学规律是教学内部所包含的矛盾联系,它是客观存在的,是不以人的意志为转移的。由于受主、客观条件的限制,人们对教学过程规律的认识是有差异的,也是逐渐接近的,而不是一劳永逸的。这些情况造成了不同时代、不同教育家所提出的教学原则也不同,但都反映了当时人们对教学规律的认识水平。而教学原则与教学规律不同,一方面它要体现对教学规律的认识;另一方面又加进了制定者的主观意志因素。由于人们主观上对客观规律的认识不同,教学原则与教学规律两者不一定是一一对应关系,同一条教学规律也可能提出不同的教学原则,同一条教学原则也可能反映不同的教学规律。

4.现代科学理论基础

教学原则是对教学规律的认识、反映和运用,而认识教学规律必须以一定的科学理论为指导,制定教学原则也要以一定的科学理论为基础。

教学过程不仅是学生的认识活动过程,而且也是学生整个身心发展的过程。马克思主义辩证唯物主义认识论、心理学、生理学、人才学、语言学、美学、系统论、信息论和控制论等科学理论便成为制定和论证教学原则的理论基础。

二、美术教学原则浅析

美术教学原则是一般教学原则在美术教学过程中的运用。许多教育家及美术教育家在教学实践中不断发展前人的传统,合理地继承中外教学原则的精华,充分反映美术教学过程的客观规律,提出了各种美术教学原则。我国在吸收以往教学原则的基础上,根据美术新课程与教学改革精神和当前美术教育发展的实际情况,提出了以下八项美术教学原则:

(一) 素质教育与审美培养相结合的原则

《纲要》指出:"新课程的培养目标要体现时代要求。要使学生具有爱国主义、集体主义精神,热爱社会主义,继承和发扬中华民族的优秀传统和革命传统;具有民主法制意识,遵守国家法律和社会公德,逐步形成正确的世界观、人生观、价值观;具有社会责任感,努力为人民服务;具有初步的创新精神、实践能力、科学和人文素养以及环境意识,具有适应终身学习的基础知识、基本技能和方法;具有健康的体魄和良好的心理素质,养成健康的审美情趣和生活方式,成为有理想、有道德、有文化、有纪律的一代新人。"这是我国基础教育课程改革的总体目标,也是实施素质教育的内容和目标要求。按照这个目标要求,不仅要重视学生基本知识与技能等基本素质的提高,而且要注重过程与方法,学生的情感态度与世界观的培养;不仅要强调学生的创新精神、实践能力、科学与人文素养的培养,而且还要加强审美素质、审美能力的养成。由此可见,新课程改革的培养目标是将素质教育与审美教育紧密结合,使学生德、智、体、美等方面都得到发展。因此,在全面推进素质教育的过程中,要更加重视学生审美素质、审美能力、审美意识、审美情趣的培养,使美术教育以它特有的功能,为实现素质教育的大目标发挥积极的作用。

(二) "双基教学"与能力培养相结合的原则

高中课标规定:"普通高中美术课程既能为学生提供不同的美术基础知识与技能培养学业生终身爱好美术的情感,发展美术方面的能力……"义务课标也指出:"要过于关注美术专业知识与技能。""……使学生在积极的情感体验中提高想象力和创造力,提高审美意识和审美能力。"美术新课标把基本知识、基本技能的教学与培养学生的各方面能力作为完整的目标任务提出来,强调知识与能力的统一关系,不可偏废任何一方。事实上,绝无只有知识而无能力的人,也无只有能力而无知识的人。知识与能力在当今社会条件下变得越来越重要。因此,学段教育把知识传授与能力培养结合起来也就成了一条十分重要的原则。在积累知识与技能的过程中重视能力的培养，会使学生掌握更多的知识与技能；在加强能力培养的过程中积累知识与技能，会使学生能力得到进一步的增强。

（三）视觉思维训练与培养创造性相结合的原则

高中课标指出："美术是一种视觉艺术，在发展学生的视知觉获得以视觉为主的审美体验、陶冶审美情操、提高生活品质等方面，具有其他学科难以替代的作用。"义务课标规定："美术课程能逐步培养学生欣赏和创作等教学中，通过眼、脑和手的协调训练，不断提高学生的视觉思维的质量，培养学生的创造能力。""美术课程应特别重视对学生个性与创新精神的培养，采取多种方法，使学生思维的流畅性、灵活性和独特性得到发展，最大限度地开发学生的创造潜能，并重视实践能力的培养，使学生具有将创新观念转化为具体成果的能力。"事实证明，美术教学对于培养学生的视觉感受能力、想象能力以及思维能力具有明显的功能，在培养学生的创造性才能方面具有得天独厚的特殊优势。思维能力是智力的核心内容，创造性是美术学科的显著特征，而学生创造力的培养离不开形象思维和抽象思维。因此，要按照美术新课程标准的要求，把视觉思维训练与创造性能力培养结合起来，在美术绘画、写生的训练中培养学生的观察能力和形象思维能力，启发学生的想象能力和创造能力。

（四）直观教学与启发性教学相结合的原则

直观教学是指在教学中运用多种多样的典型化的直观教具，通过教师的形象语言使学生获得感性认识。启发性教学是指遵循教学规律，运用各种教学方法，充分调动学生的主动性、积极性。直观教学与启发教学紧密结合，相互协调、相互促进、相互渗透，就能达到提高教学质量的目的。"百闻不如一见"。直观教学是以鲜明的视觉形象使学生直观感知和认识形象，掌握塑造形象的基本因素——形体、结构、比例、空间、明暗、色彩等方面，其目的是启发引导学生通过客观形象反映造型特点，认识和掌握艺术的形象思维能力，提高学生的综合思维水平。

运用直观性、启发性教学原则，要做到以下几点：一是语言的形象化。教师语言要恰如其分，需要引起学生特别注意，能够强化思维、积极诱导。

二是直观教具的形象化。教具是美术教学的媒介,应形象鲜明、造型生动。三是示范的启发性。教师示范要边画边讲、具体生动。

(五) 精讲善练与循序渐进相结合的原则

精讲善练主要是针对技能技巧等操作知识类内容,要求教师在教学中对理论、规律、原理的讲解应简练、扼要,腾出大量时间给学生练习。循序渐进是指要遵循教学和学生认知成长的规律,使学生系统地掌握知识与技能。程明太在《美术教育学》中指出:"学生认知顺序是从感知到理解;未知到有知、模仿到创造;由易到难、由简到繁、由练习到掌握。"

精讲善练与循序渐进相结合是美术教学的一条重要原则。只有精讲善练,才能达到循序渐进;要做到循序渐进,就必须要精讲善练。因此,精讲善练是关键。教师的讲述要"精讲",就是要少讲,要讲透重点、解决关键、突破难点,做到化繁为简、化难为易、化枯燥为有趣。"善练"既要"巧练""精练",也要"善练""多练",巩固掌握的知识与技能精讲与善练是理论与实践的紧密结合,"精讲"是"善练"的前提和基础,而"善练"是"精讲"的继续与深化,是知识的运用与实践。学生在掌握了知识的基础上才能训练和实践,同时,训练与实践的过程,又是深化理解、巩固知识、转化技能的过程。

(六) 统一要求与因材施教相结合的原则

这项原则是反映教学客观规律的一项重要原则。它要求教师既要按照培养目标,向全体学生提出统一要求,同时又要从学生实际出发,照顾个别差异,使每个学生都能得到充分的发展。我国现在的班级授课制,采用统一的教材、统一的进度和统一的要求。但是每个学生的兴趣、爱好、知识水平和性格特征等方面却存在着个别差异。这样,教学上统一要求与个别差异之间的矛盾就产生了。因此,在教学上就要尊重客观存在的这种差异性,既统一要求又因材施教,长善救失,各因其材。

贯彻这一原则的基本要求:一是要了解学生,从实际出发组织教学。了解学生、掌握学生各种情况,是区别对待、有的放矢进行教学的前提。教师要全面了解学生的兴趣爱好、学习能力、知识水平、家庭情境等情况,从实际出发进行教学,使每个学生的潜能都得到开发,身心都得到全面充分的发展。二是要面向多数学生,提出统一要求。统一要求就是从大多数学生的实际出发,按照统一的教学目的和统一的教学计划及要求进行教学,不要降低标准;但同时又要结合学生的个人情况,区别对待,因材施教,使其逐步达到统一标准。三是要正确地对待个别差异,做好技能训练的辅导工作。学生的个别差异是客观存在的,教师要善于发现学生的差异性,并有针对性地进行引导和培养。教师还要采取课内与课外结合、传授知识技能与能力培养结合、一般与个别结合等措施,做好学生的辅导工作,提高教学的质量。

(七)理论与实践相结合的原则

理论与实践相结合是教学的一项根本原则。理论联系实际是指把间接认知的教学内容(知识、概念、原理等)与理论的来源、应用的对象和操作的方法等结合起来,做到理论与实践相结合。理论联系实际,是党的优良作风之一,是党的教育方针、教育目的的要求,使学生既懂理论又懂实际,既动脑又动手,有利于培养高素质的创造性人才。

理论联系实际的基本要求:一是美术教学要联系中国特色社会主义国情的实际,联系改革开放的实际及社会生活的实际。二是美术知识与技能要联系学生的实际。教师在传授美术基本知识和基本技能时,要与学生原有的知识、生活实际相联系,与学生分析问题和解决问题的能力相结合;要加强美术教学的实践性环节,创造多种多样的实践形式,引导学生把知识运用于实践。三是美术技能要与美术知识相联系。教师在美术技能教学中,要按照美术新课程知识与技能、过程与方法相统一的要求,把技能训练与知识的掌握统一起来,全面掌握教科书的知识体系和逻辑结构,保证知识间的前后衔接和相互联系,使学生在技能的训练过程中,巩固理论知识,培养学生运用理论知识指导实践的能力。

(八)教师主导和学生主体相结合的原则

教学活动是教师和学生为达到教学目标而进行的共同认识和实践的双边活动。教师的主导作用是指教师在教学活动中发挥自己应有的组织、指导、引导、教导的作用;学生的主体作用是指在教学活动中,充分调动学生的主动性、积极性和创造性,确立学生的主体地位。因此,这一原则需要教师和学生共同携手、相互促进、相互制约,共同创造生动活泼的教学机制。

这一原则要求教师发挥以下主导作用：一是按照党的教育方针和有关教育法规、制度，规范学生行为的规范作用；二是遵循教学原则和采用科学的方法，传授科学文化知识的传授作用；三是按照教学规律及学段赋予的职责，制订教学计划并组织教学活动的组织作用；四是通过班级和其他形式，对学生的各项学习活动进行管理的管理作用；五是教书育人和管教管导，全面提高学生素质的育人作用；六是对学生的学习和实践活动中的各项表现，进行考核和测试的评价作用。

这一原则要求学生发挥以下主体作用：一是认识学生是认识活动的主体，即使在教师的教导、引导下，其认识过程也得靠自己来完成，充分发挥自我完成作用；二是学习在认识客体活动过程中，虽有教师的教导、指导和组织安排，但学生的认识活动不应当是消极的、被动的，而是应该发挥其能动作用；三是要求学生发挥主体作用，这一规律客观上造成了对教师主导作用和教学以及教学组织的制约作用；四是学生固然要接受学校、教师的考核和评价，但是学生的能动作用及其成绩与表现等方面，对学校工作（主要是教师工作）又具有评价和反馈作用。

第三节　美术课程中的师生关系分析

一、师生关系的性质与特点

师生关系是一种特定的社会关系或人际关系，指教师与学生在教育教学活动中结成的相互关系。构成此关系的主体双方由于其身份地位及活动方式的特殊性，决定了师生关系的以下特点：

1. 以教育关系为核心

教育关系是随着教育活动的开展而形成的，这也是师生关系的核心表现形式。在教育活动中，教师是组织者、引导者，是教育内容的传授者；学生是学习的主体，教育内容的接受者。教育关系的有效建立，依赖于双方主体性的积极参与。

2. 以心理关系为基础

师生之间的心理关系是指伴随教育关系而发生的教师与学生在心理和情感上的交流，而又直接影响到教育关系的运行状态。良好的教学过程和教学结果，会增进师生情谊；师生之间的相互理解和良好沟通，可以促进教育关系的深入发展，激发学生的学习热情，甚至积极影响到学生世界观的形成和人格的发展。

3. 以伦理关系为导向

伦理关系是一种贯穿道德规定的价值关系，其核心内容是主体之间的权利与义务关系。师生之间的伦理关系主要是指教师与学生各自承担一定的伦理责任，履行一定的伦理义务。师生伦理关系往往是社会伦理关系的折射。师尊生卑是古代封建社会师生关系的特点，而在现代社会，教师一方面当以高尚的人格和进步的思想道德观影响学生，同时，师生之间互相尊重、人格平等成为师生伦理关系的基础，也是师生关系的价值导向。

二、建立良好的师生关系

良好的师生关系是促进教师和学生双方积极发挥主观能动性，保证美术教学顺利开展，并争取达到最佳教学效果的重要条件。在传统的师生关系中，往往强调教师的权威性，强调对学生的支配和控制，更多着眼于知识与技能层面的评价，而不够关注学生在情感和个性上的需求，缺乏对学生发展的差异化对待，以及学生主体意识的培养。教育教学模式的标准化和机械化已不符合教育改革和课程改革的需要。新课标对中小学美术教学活动的性质及教学方式提出了指导性的意见，这也暗示着美术教学中的新型师生关系建立的必要性和必然性。

教师在年龄、社会地位、认知技能等方面的因素决定其在师生双方关系中占据主导性的地位，因而良好师生关系的建立更多是需要教师积极主动的。

1. 坚持以"以学生为本"的教育教学思想

"以学生为本"是"以人为本"的思想在教育教学活动中的体现。美术教育改革的出发点正是基于此。教育、教学从观念到制度再到具体的设计，都应从有利于学生成长的角度去考虑，给学生更多自由、自主学习的时间与空间。新课标也反复强调，在美术教学中，教师更重要的是扮演"引导者"的角色，要营造学习氛围，引导学生进行自主、合作、探究学习，把课堂的主导给学生，调动学生的积极性，强化学生的自我认同和价值感。正如苏格拉底的名言："教育是点燃火苗，而不是灌满瓶子。"而要真正有效地发挥引导力，既需要教师对教学内容、教学设计、课堂组织的全面把握，还需要丰富的经验和临场应变能力。

2. 树立尊重、平等的意识

在知识的讲解传授过程中，教师与学生是一种授—受关系，但在人格上二者是平等的。教师必须尊重学生，不以权威去压制，更不能以武力去征服。当代教育不是为了培养"标准化"的完人，美术教师更应以培养个性、鼓励创造、宽容开放的心态处理师生关系，以多元与发展的眼光看待和理解受教育过程中的学生。学生在受到尊重与信任的状态下更有可能建立自主、自尊、自爱的意识，并向教师与同学回报以尊重和信任。

3. 构建沟通、互动的模式

美术教育，除了学科知识与技能的传授，更多的是文化传承、思想交流、情感沟通的过程。美术教学过程不是权威控制的单向信息传递过程，而是师生、生生合作与互动的过程。在民主、宽容的气氛中，有利于放松学生的心态，开启学生的思维，激活学生的创造力；有利于教师的情感投入与教学灵感的迸发；也有利于师生的心灵对话与交流，有利于双方的成长与收获。有效的沟通往往需借助一定的心理学知识和技巧，这也是美术教师应从理论与实践方面多加尝试的。这种沟通还可延伸至课堂之外，在更多元的交往途径中建立密切的师生关系。

4. 塑造教师的个人魅力

独具魅力的教师能吸引学生主动靠近，有效地诱导良好师生关系的发生。而教师的魅力也是各具风采的，受学生欢迎的教师往往具备以下某方面或多方面的特质：学术上成为学生崇拜的对象，有自己独特的教学风格，开朗幽默或温和亲切，关爱学生，愿意倾听学生心声，能与学生交流共同话题，等等。

理想的师生关系应该是民主、平等、互敬、互信的。这种民主平等并不是否认教师的威信，更不是对学生放任自流。总之，在充分尊重学生人格、全面关爱学生身心健康的氛围中,加上教师自身的人格魅力,更有利于树立教师的威信,有利于教师对学生的言传身教,有利于学生的自我管理和积极配合。

当然,理想师生关系的建立与维护是一个长期动态的过程,需要师生双方的共同努力。而教师作为其中的决定性主体,更应采取适当的调控措施,保障师生关系的良性发展。

第四节 美术课程的教学模式

一、讲授与训练的模式

(一)讲授

所谓讲授,是指教师运用口头语言,向学生叙述事实、描绘现象、解释概念、论证原理和阐明规律的教学方法。运用讲授模式,有利于连贯而系统地将科学基础知识传播给学生,使学生在较短的时间内获得系统的间接知识;有利于教师在传授学科知识的同时,有计划、有目的地对学生进行思想品德教育,提高学生的思想觉悟,陶冶学生的情操,培养学生的能力。一般将这一教学模式设计如下:讲授—训练—反馈。有效地运用讲授模式,一般应注意以下几个方面:

第一,讲授的内容应注意科学性与思想性相结合。教师应注意发掘教学内容中的思想性、教育性因素。

第二,讲授要有较强的系统性和逻辑性。讲授的顺序一般由浅入深、由易到难、由具体到抽象,把新旧知识联系起来,并且突出重点,强调本课题有关知识和所需掌握的概念。

第三,讲授要理论与现实生活相联系。讲授的内容要联系学生的生活,引导他们发现美、观察美,提高审美情趣,激发表现欲望。

第四,讲授要富有启发性,讲究语言艺术。教师的语言要明确、生动、简练并富有情感,有个性特点或个人魅力,并且与恰当的表情、姿态结合起来。

第五,讲授要结合板书、板绘、示范,以及各种现代化教学媒体,使教学形式多样化。

第六，讲授要具有应变能力，能及时、机敏地处理课堂教学中出现的各类问题。对学生提出的难以回答的问题，或是讲授过程中出现的疏漏，要迅速、恰当地处理解决。

（二）训练

所谓训练，是指学生在教师的指导下，运用所学的知识独立地进行实际演练，从而完成美术作品的教育方法。运用训练模式，可以培养学生的技能技巧，促进学生观察力、思维力、记忆力和想象力的发展，调动学生的主动性和积极性。有效地运用训练模式，一般应注意以下几个方面：

第一，训练的目的要明确，要有计划、有步骤地进行。要考虑学生的认知顺序和教材的逻辑顺序，由简而繁、由易而难。要从模仿性训练到创造性训练，循序渐进，逐步达到形成学生技能的目标。

第二，训练的时间、次数要恰当，训练的速度要适中。训练的性质、种类、难易程度、分量，要根据学生的年龄、智力水平与技能的掌握程度而定。在训练初期，应重视训练的质量而不是速度，应严格要求学生练好基本功。

第三，训练方式要多样化。心理学研究表明，人的思维容易产生定式，具有一定的惰性。所以，要使训练吸引学生的注意力，教师必须不时变换训练方式，提高学生思维的积极性。

第四，重视训练反馈。训练后，要尽量使学生及时知道训练的结果，这样能使学生对自己的水平有所了解，并进行分析和评价，以找出弱点，改正错误，巩固正确的技能。

（三）讲授与训练相结合

讲授与训练是相辅相成的。在美术课堂上，既要传授美术知识理论，又要进行美术技能的训练，二者缺一不可。技能训练是为了将美术的技法变为学生的能力。技能的训练，只有在理论的指导下方能正确地进行。通过技法操作的训练，加强学生对美术理论的理解，使理论和技法化为学生的知识与技能。因此，美术教学中理论知识的传授，不是脱离操作训练的空泛的理论讲述。

（四）贯彻精讲善练原则

"精讲"是指抓住重点、难点，深入浅出地讲授，以使学生掌握要领。"善练"是在正确理论的指导下，有明确的训练目标，有严格的训练计划、方法、步骤，按质按量地完成规定的学习内容。精讲、善练原则要求教师尽量少占用教学时间讲理论，而留出时间让学生训练，提高学生的参与度和主动性。贯彻精讲、善练原则，要求做到：第一，讲授内容与训练内容紧密结合，不能"空讲"（教师侃侃而谈却无助于学生技能技法的提高），也不能"空练"（没有经过系统的讲授就要学生凭空训练）。第二，讲中有练，练中有讲。讲授与训练应该穿插进行，教师不能把所有的内容都讲完，然后让学生练习不再讲授。教师应先概括扼要地进行知识传授，然后让学生训练。在学生训练的时候，教师要观察学生是否真正理解了教师所讲的内容，是否理解了方法与步骤，是否掌握了工具材料的运用等。一旦发现学生在训练中出现了问题，就及时地予以辅导纠正。

二、临摹与操练的模式

（一）临摹

临摹是指按照一定的绘画程序，不需要学生创意而完成美术作品的教学。临摹的目的是为了让学生习得技能，获得审美体验与审美理解。临摹可谓美术教学的基础。学生学习绘画通常都是从临摹开始的。古语有云："近朱者赤，近墨者黑。"选择好的模仿对象，对学生有着至关重要的作用。一般将这一教学模式设计如下：临摹—操练—积累。

1. 绘画摹本的选择

第一，选择名作。对于众多的美术绘画摹本，教师应该力求去粗求精，选择中外传统和现代的优秀绘画作品、中外优秀获奖美术作品等作为摹本。

第二，难易适当。教师在选择绘画摹本时，应该从学生的年龄出发，从学生的知识水平、绘画水平出发，有针对性地选择。

第三，博采众长。教师应该为学生提供广泛的临摹范本，因为学生的个性有差异，提供不同画种、不同风格的临摹范本，可让学生根据自己的喜好自由选择。

2. 临摹教学的重点

第一，介绍知识。在学生临摹作品之前，教师要比较系统地介绍有关摹本的知识背景等，以提高学生对摹本表现特色、内涵的领会。

第二，演示指导。教师可以在学生临摹前先进行临摹演示，也可以在学生临摹的过程中发现问题时再进行局部演示。教师在演示时，不能因为自身技法的熟练而速度过快，应该考虑学生的实际水平。

第三，注重过程。教师在面对学生的临摹作品时，不能简单地以"像"或"不像"来判定，而应该观察学生临摹时的基本方法和步骤是否准确。

第四，触类旁通。临摹的教学目标是为了使学生深刻地体验和理解美术作品及其有关的美术知识。因此，在某种意义上说，临摹只是手段，其目的是使学生通过临摹触类旁通，画出自己对这一艺术样式的体验和感受。

第五，持之以恒。临摹不是一朝一夕就能完成的。对于好的美术作品，需要长时间临摹，不断地揣摩、体会。教师应该鼓励学生持之以恒，以不断发现艺术的魅力。

（二）操练

操练是指学生在教师指导下，运用学过的知识和技法，进行绘画创作、艺术设计和工艺制作等练习。其目的是通过强化技法程序记忆和技艺行为的训练，使学生形成技能和提高艺术技巧，深化对技术美、艺术美的体验。操练是对学生眼、脑协调并用的技能训练。操练教学的重点如下：

第一，教师要在学生操练前提出明确的操练目的和作业要求，讲授操练的方法步骤，使学生有目的地按步骤有序地进行操练练习。

第二，教师要准备有关的操练范例，可以是教科书上的，也可以是课外优秀的美术作品。在学生操练前，对于操练过程中可能遇到的问题或是难点，教师应该先做示范。

第三，学生在进行操练时，教师要"眼观六路、耳听八方"，巡视辅导。若发现学生在操练上的问题，要及时予以讲授、演示和指导。教师在巡视时，应该面对全体学生而不能仅仅停留在某几个学生旁边。

第四，学生在实际操练时，可能会碰到"一时没想法"或是"做不下去"的情况。因此，教师要鼓励学生再接再厉，并启发学生想象，要为学生提供有关形象资料，也可动手具体帮助制作修改，这样有助于提高学生的学习兴趣，增强信心。

第五，教师应及时发现学生在操练过程中创作的富有创意的作品，当场展示这些作品，点出其好的地方。这样有助于调动学生学习美术的积极性，更好地发展自己。

第六，在做手工操练时，教师可以强调一些细节问题。例如，运用刀具时要注意安全，不要乱放刀具，以免划伤同学；在做模型时，对于计算、粘贴都要细心。这样有助于培养学生认真、耐心、细心的处事态度。

第七，教师要掌握好学生操练的时间，留有评价的时间。学生经过一段时间的操练后，总是希望看到教师对自己的评价。此时，教师要尊重学生的创作个性和独特的立意，对学生进行正确的评价。教师评价要以激励和鼓舞为主。

（三）临摹与操练的辩证关系

临摹和操练都强调"练"。只有通过"练"，才能把技法知识化为技能，才能提高美术的实践能力。但是，两者有所不同：临摹是操练的基础，操练是对临摹的深化；临摹不需要学生的创意，而操练却要学生形成个性化的艺术语言。当然，无论临摹还是操练，都不能"傻练"，即"练"了半天没有进步，而要做到智慧练习，把眼、手、脑都调动起来。

三、感受与表现的模式

"感受与表现"是一个从切入到呈现的过程，是从"直觉—心理"到"表达—外化"的过程，是艺术学习和艺术创作的主要过程。我们可以将这一教学模式设计如下：感受—激励—表现。

（一）直观感受

美术教学最突出的特点是直观性，因此被称为"视觉艺术"。直观性为学生的学习带来无限的乐趣，它使枯燥的概念变得容易理解。美术教学擅长用视觉语言来"说话"。但直观仅仅是一个通道，感受才是美术教学要达到目标的第一站。然而，感受什么？怎样感受？则是教学中着重要解决的问题。

一般来说，视觉所能看到的一切事物都是美术学习所要感受的内容，具体可分为人类、自然、艺术等。感受的核心是体会、感受和欣赏人和世间的事物。因此，培养学生感受的能力，是美术教育的首要任务。具体地说，可以从以下几个方面引导学生：

第一，从整体中感受。整体性地观察事物，是美术学习的必修课。要引导学生以艺术的眼光去观察对象，从整体性的角度去审视对象的造型和色彩。

例如,漓江的石林造型,只有远看即整体地进行观察时,才能发现这座山峰和那座山峰的优美和差异。同样,当学生写生时,首先要从整体观察出发,从而发现整体性的造型特征。例如,画房子时,一般总是先画房子整体外形特征,然后才添加门窗和瓦片等细小部件。法国印象派大师莫奈画了许多里昂大教堂,每一幅所关注的焦点无不是教堂整体色彩在不同时辰的感受或印象。画家正是利用了整体性的感受,以色彩表现了教堂的整体气势。

第二,从局部细节中感受。局部和细节也是美术学习不容忽视的焦点,因为细节可以使作品丰富多彩。无论用疏密的线条造型,还是用细腻的色彩描绘,都能给人无穷的吸引力。值得提醒的是:要引导学生从整体感受进入细节感受,再从细节回到整体。

第三,从材料质地中感受。学习美术离不开材料,各种材料是学习美术不可缺少的媒介。因此,学会感受不同质地的材料,是美术学习必备的素养。材料的类型很多,也很复杂,但有几种感受是不能少的:一是光滑材料,在某种特定环境中,光滑的美感是无可比拟的;二是粗糙材料,如粗麻布、粗树皮、粗石面、粗纹理等,在某种特定环境中,其美感也是无可比拟的。

第四,从比较中感受。人们常说有比较才有鉴别。学会比较,也就学会了美术学习的重要方法。例如,高与低、大与小、光滑与粗糙、疏与密、虚与实、远与近、浓重与清淡等各种对比关系,都直接影响到人的不同感受。在比较的环境中,其感受绝非是单一的,而是复合的。

(二)激励欲望

激励欲望是"直观感受"通向"表现"的重要路径。有了感受并不一定就能主动地去表现,它需要尝试和体验的欲望,然而欲望是需要激发或激励的。因此,在美术教学中,教师要不断地激励学生的学习欲望,并使其学习欲望保持下去。

第一,肯定与鼓励。教学中的肯定和鼓励,对学生来说至关重要。尤其是在学习中遇到了困难,从心理学上讲这是浮动阶段,要么厌学弃学,要么飘飘然。这时,教师应及时加以引导。教师鼓励是有效的教学手段。

第二,补充与提升。教学中的鼓励是有阶段性和有针对性的,更多地需要帮助学生补充作业,即把不完整的补充完整,把没想到的补充到位。这里所说的"帮助学生补充",并非是具体帮助画画,而可以有很多种方式,要根据学生的情况而定。这样做,是为了提升学生作业的水平,增强学生的能力。事实上,这是站在另一个高度上鼓励学生。

(三) 引导表现

感受的目的一方面可以直接获得美感,另一方面是为了更好地艺术表现。因此,学生动手表现的能力自然就成为美术学习中不可缺少的学科目标。

第一,先易后难,大胆尝试。在美术学习中,"先易后难"是比较重要的原则,这符合学生的认知规律。"大胆尝试"意味着鼓励学生放开手脚,大胆去画,失败也没关系。这是给学生创造一种宽松的学习氛围,有利于技能的提高和发展。

第二,不求完美,但求投入。追求完美当然是一种美好的愿望,但是学生在实践中往往离这种美好的愿望距离很远,一不小心便会丧失学习的信心。老师在指导技能练习中不能对学生要求太高,但必须要求他们认真学习。关注学习态度并非仅仅为了画好一幅作业,更重要的在于养成做事认真、刻苦追求、不断探索的习惯。

第三,减少概念化,引导独特性。美术作业中最忌造型概念化、色彩概念化,而重要的在于追求作品的独特性。因此,教师在指导时,要给予及时的引导,使学生目标清楚,追求有方向。

四、课题与讨论的模式

在教学中运用讨论的模式由来已久,但运用课题的模式则是随着新教育理念在教学中的普及而逐渐展开的。课题的模式在教学中的应用为探究课开辟了一条有效的道路,它是从问题出发,通过讨论、探究而达到问题解决的方式。一般将这一教学模式设计如下:课题—讨论—解决。

(一) 课题

课题是事先选择和确定一个具有研究性的命题,然后围绕这个命题展开讨论或是进行美术创作。运用课题模式应该做到以下几点:

第一,课题的选择并非由老师来确定,而是由老师组织学生讨论筛选、确定。这个过程可以以小组为单位,也可以自由组合,尤其是对某一课题有兴趣的学生可以组成一个小组讨论、深化课题。教师可以把命题的主动权交给学生，这样学生自己出的命题往往是他们感兴趣的。学生若对课题有兴趣，必然会积极地去完成。

第二，选择的课题要从教学实际出发，做到难易适当。尽量让每个学生都能摸得着、抓得住，且能产生研究的兴趣或欲望。

第三，选择的课题要贴近学生的生活，使学生有感而发。脱离生活的命题，往往会使学生感到茫然而不知所措。

第四，在确立课题之后，教师应该先分析课题的内容以及重要的信息，或者给学生提供范例，让学生有直观的感受；或者让学生自己查阅资料，进行内容分析，强化学生的探究能力。

第五，学生在做课题时，教师要授之以"渔"，给予必要的引导、帮助而不是替代学生完成课题。当学生有成绩时，教师应该及时给予鼓励，让学生有成功的体验感。

在实施课题模式的过程中，教师要把握的不仅仅是让学生学会选择课题，还要引导学生深入地研究课题，包括开题报告、调查、查阅资料、分析、论证、结题报告等，其目的是让学生在实施课题的过程中学会研究的方法。

（二）讨论

讨论是学生在教师指导下，为认识、解决、探究某个问题而进行议论，以求辨明真伪、好坏、美丑，从而获得知识。这是启迪智慧、发展思维的教学方法。讨论的目的是为了培养学生善于独立思考，敢于表达个人的独立见解；而且讨论有助于调动学生主体学习的积极性，使课堂教学充满活跃的气氛。运用讨论模式，教师应该做到以下几点：

第一，设计好讨论的问题。讨论的问题要具有价值。问题的提出要具有吸引力，能够激发学生的求知欲，引起学生的兴趣。教师可以先设计一些小问题，再慢慢地深入，做到环环相扣。

第二，把握好讨论的过程。教师要把握议题的中心，不能偏离议题，不能让讨论的问题像西瓜皮那样"滑到哪儿算哪儿"。教师要把握好讨论的时间与节奏，不能让讨论变成"聊天"，使课堂变得"闹哄哄"的。

第三，引导学生各抒己见。教师要善于启发、引导学生讨论，鼓励学生各抒己见，允许奇思怪想的见解发表。对于意见不统一的问题，教师不要急着下结论，应当允许争论，最终让学生自己得出结论。

第四，鼓励学生积极发问。讨论的问题不应该仅仅是教师提出来，也可以让学生提出来。教师应该抓住学生提出的有价值的发问，组织大家思考讨论，寻求答案，最后由教师启发补充，做到教学相长。

第五，讨论形式要多样化。讨论的形式可以是全班性的，也可以先以小组为单位，再进行全班讨论；可以是辩论赛的形式，由正、反两方组成，也可以是抢答的形式，测试学生的反应灵敏度。主持讨论会可以是教师主持，也可以由学生代表主持。

（三）课题与讨论相结合

课题与讨论事实上是互为因果的，因为讨论必须有一个命题存在，而做课题的过程中少不了相互协商讨论。课题与讨论模式可以说是探究性学习的精髓，即让学生在认知活动中发现问题、提出问题、处理问题、解决问题。教师要让学生不再循规蹈矩地坐在板凳上被动地听，而是让学生参与对话，把思维空间留给学生，把学习的主动权交给学生。课题和讨论模式是需要严格把握的，要避免为课题而课题、为讨论而讨论的倾向。

五、欣赏与批评的模式

欣赏与评价是美术教学中培养学生审美文化与思辨能力的重要学习内容。一般将这一教学模式设计如下：欣赏—评议—思辨。

（一）欣赏

欣赏是个体对美术作品接受的态度，或者说是对审美对象赏心悦目的反应。美术教学中的欣赏课可以分为审美欣赏和评鉴欣赏两种类型。

1. 审美赏析

审美赏析主要是指以美术知识理论介绍艺术类别和经典作品欣赏为教学内容的课业教学。课程的主要内容是中外优秀美术作品和民间艺术作品等。审美欣赏课旨在引导学生认识美术门类，理解艺术的多元化与艺术风格的多样性，理解美术原理、形式美的规律和对经典作品的了解与领悟。此类课的教学，教师应围绕教学主题，以直观形象介绍的方式，引导学生感受、联想，进行审美体验，以加深对美术及其作品的理解，领悟艺术的美感和艺术趣味。审美欣赏课的教学程序大致可分为直观形象、完整介绍、审美引导、综合评述四个步骤。

2. 评鉴欣赏

评鉴赏析主要是指对现当代美术现象、人们不易理解的美术作品，以美术批评的探讨、评鉴为主进行的美术教学活动。这是将学术界的美术批评引进欣赏课教学的教学方法。学生审美能力的提高，不仅来自美术技能训练中获得的形式美的体验和对艺术的感受，以及对美术作品的理解，还需要学习和了解现代、当代美术的创作和实践。要对现代、当代美术作品有自己的理解和审美判断，即要学习对美术作品进行探索和研究的方法。这种教学一般是直面美术作品，从形式形象的感受分析开始，结合背景介绍，讨论作品的意图、意义和对其进行审美评价。评鉴欣赏的教学程序大致可分为直观感受、背景材料、分析探讨、意义理解、审美评价五个步骤。

上好欣赏课，一般要求教师注意以下几个方面：

第一，尽量选择经典、名家或具有代表性的美术作品。教师不能因为自身的喜好集中于某一画家或某一画派，而应以宽容的审美态度多角度地选择美术作品。

第二，美术欣赏课教学应该融入思想品德教育，多选择代表祖国文化或具有爱国主义教育的美术作品，使"授业与传道"相统一，培养学生高尚的人格。

第三，欣赏建筑、工艺设计、工业设计等实用性作品时，教师应该将作品的外在形式与实用功能联系起来，并与生活联系起来，使学生不仅认识其审美价值而且了解其使用价值。

第四，教师不要对作品做过多的评述，更不能带有浓重的情感色彩，而应该客观地引导学生去观察、感受和分析，引发学生自己的真情实感，从而产生真切的审美体验。

第五，常言道"一千个观众就有一千个哈姆雷特"。对于美术作品，学生会产生各种看法。由于学生的经验、认识能力所限，他们的看法难免肤浅或不全面，教师不要简单地否定，应该给予鼓励和认可。有时，可做一些提示或补充，但绝对不要将自己的观点强加于学生。

(二) 批评

美术批评的教学有一定的深度,范围很广,难度较大。它需要艺术、历史、哲学诸多知识的融合。因此,要根据学生不同的年龄层次和知识结构,安排不同的教学内容,采用不同的教学对策。美术批评教学应注意以下几个方面:

第一,要把美术批评与美术欣赏结合在一起。在美术欣赏过程中,要引导议论和提出问题,特别应当鼓励学生敢于发表自己独到的见解。学生用自己的眼睛去欣赏,用自己的思维提出问题,这是难能可贵的。

第二,欣赏和批评美术作品时,应注意文化性和审美性。文化性是通过优秀美术作品的欣赏,提高艺术审美的素养,同时促进对历史、自然、民俗、社会等文化的了解。审美性包括对造型、色彩、构图、比例等诸多美术表现的语言的认识与理解,以及画家的笔触变化、独特风格、意境情感等。

第三,美术批评要注意深入浅出,由浅入深。要让学生从对艺术作品的批评中了解社会、时代、文化,培养独立思考和分析解决问题的能力。

事实上,无论是欣赏还是批评都不是孤立的。它们是一个不可分割的整体,因为欣赏既是直接的感受,也为批评准备了一条"鞭",让人从中获得更多的启迪和思考。

六、课内向课外延伸的模式

陶行知先生一再强调要解放孩子的空间,即"创造需要广博的基础,解放了空间,才能搜集丰富的资料,扩大认识的眼界,以发挥其内在的创造力"。在美术学习中,只有拥有广阔的天空,才能思接千载、视通万里,从而获得创造的自由。倘若死守课堂,死抱课本,学生的视野就会变得狭隘,创造力就会日渐枯萎。因此,教学的过程应当是一个沟通延伸的过程,是课内向课外的延伸,是课堂与生活的沟通。

课外美术教学是指利用课余时间发展学生美术兴趣和特长的教学活动。美术课程标准指出:"课外美术活动是学校美术教育的有机组成部分,要积极创造条件,有计划地开展多种形式的课外活动。"课内的美术教学是发展课外美术教学的基础,而课外美术活动会促进课堂美术教学的改革和提高,两者是相互联系、相互促进、相互提高的。

(一) 走出课堂，外出写生

课外美术教学要跳出纯技能的训练，就应当与创作相结合，而要创作就必须有生活、有体验。因此，可利用节假日，在适宜写生的季节，组织学生到室外进行以色彩为主的风景写生和速写练习。这对学生开阔视野，丰富知识，激发绘画的表现激情大有好处。

(二) 走出课堂，美化环境

美化校园环境也属于美术课堂教学外延的内容。可以让学生把在课堂上学到的美术知识运用到美化校园环境的任务中去。例如，在学校的某个区域开辟壁画园地，定期组织一部分学生布置自己的作品，这样既使校园富有生气，又培养了学生的自信心。另外，可以分组让学生承担教室的美化工作（争取每学期每个学生能轮到一次），为班级出黑板报，布置宣传栏、学习园地、美术新作等，这是陶冶学生情操、完善学生人格的隐性教育，是实施美育的一种方式。

(三) 走出课堂，展示自我

在学校开办画廊，让学生的优秀作业得以展现。这可以以班级为单位，也可以是专题美展（譬如漫画、版画、国画、油画等分批进行展示）。在学校的文化艺术节中，可举办学生美术作品展览，这是学校精神面貌的体现，也是推动学校美育的重要措施。对于一些特别优秀的美术作品，可以长期展挂于学校图书馆、会议室、校长室、美术教研室等处。

(四) 走出课堂，开阔眼界

组织学生外出参观美术作品展览、博物馆、美术馆等，可以开阔美术视野，提高鉴赏能力。在参观美展时，教师应适时地对学生进行讲解和引导。

(五) 走出课堂，参与竞赛

积极创造条件，让学生参与社会上各种青少年美术作品展览或比赛，以及向有关的报刊投稿。这也是学校课外美术教学活动的重要内容之一。作品的展出或获奖，对于学生及其家长都是极大的鼓舞。当学生的作品被展出或获奖时，意味着该校的课外美术教学获得了成功，得到了社会的认可。这对于学生个人和学校美术教育的成长与发展都有重要的意义。

(六)走出课堂,丰富知识

为丰富学生的文化生活,提高学生艺术修养和文化素质,改变单调的知识结构,中学应重视开展"美术讲座"活动。美术教师可以邀请校外美术教师、艺术家、从事美术工作的家长定期举办美术讲座,开展丰富多彩的第二课堂活动。在这一过程中,有限的课堂空间得到了延伸与扩展。更重要的是,学生由此摆脱了封闭的课堂空间,学会了灵活主动地去探求知识,培养了开阔活跃的思维方式。

通过上述的尝试与努力,课堂与生活的界限被打通了,学生的视野与眼界变得开阔了。在课堂上,学生可以感受到生活的鲜活气息;在生活中,学生可以随时用在课堂上学到的知识去分析问题和解决问题。学生内在的创造力在"解放的空间"与"广博的基础"上自由发展。

第五节 美术课程的教学过程

一、导入

(一)导入对课程的价值和意义

教学导入是教师在一个教学内容或教学活动开始时引导学生进入学习行为的方式。通过导入,把学生的思维引导、聚焦到一个特定的学习方向上来,因而也称定向导入。实际上,开始上课时,学生的学习心理往往还没有准备好。能否让学生充满兴趣地进入学习,对于完成规定的课程内容非常重要。因此,教师要讲究导入的艺术,激励和鼓舞学生的情绪。应该说,好的教学导入是一种艺术的创造,是教师智慧的展示,为一堂课奠定了成功的基础。

1. 好的导入可以引起学生学习的兴趣

导入作为一种教学手段,其作用在于很快地引起学生学习的兴趣,把学生的注意力集中到教学内容上来。有效的教学导入,对一堂课的成败具有举足轻重的作用。老师美妙的话语、和蔼的教态,可以激发起学生强烈的学习欲望和学习动机。

2. 好的导入可以使学生有序地进入学习内容

好的导入都是围绕着学习内容而设计的。如果要对导入进行评价，那么第一是看能否激发学生的学习兴趣；第二是看其导入与学习内容的关联程度如何，是否紧密，是否体现内涵，是否能"牵一发而动全身"。这里所说的学习内容，主要是指学科知识与技能。通过导入来引发学生的学习兴趣和对学科知识与技能的理解。因此，好的导入可以带领学生有序地学习。

3. 好的导入可以点燃学生的思维火花

从一节课来看，导入只是一堂课的开始，是一个序幕或前奏。但如果从导入本身来看，它应该是极具思维的想象力和启发性的。例如，上海（上教版）小学美术教材中有一课"未来汽车"，有位老师在设计和制作课件时创设了马路上堵车的情境，让小朋友们想出既不堵车又快速的好办法来。这一下子激起了学生的大胆想象，有翅膀的车、像飞机的车、多功能的车、环保车、生物车、外星车等都出现了。有趣的导入不仅可以启发学生从不同的角度来思考问题，还能培养学生创造性思维能力，使学生保持兴奋的学习激情。

4. 好的导入可以开阔学生的视野

虽然导入的目的主要是创设一种情境，把学生引领到学习内容之中，但导入过程中的情境应当与学生的生活较为密切，这样会潜移默化地影响学生的视野和价值观。在创设的情境中，可以有反映生活现实的，可以有体现人间真情的，可以有纵览历史经典的，可以有揭示艺术规律的，这些都会对学生的视野产生开放性影响。好的教学导入，不仅能开阔学生的视野，而且可能对学生的终身发展产生影响。

5. 好的导入可以增加学生的艺术体验

导入过程并非都是老师演说，其实学生也可以成为非常出色的表演者。由于学生的参与，大家的情绪十分高昂，其导入的效果有时要比预计的好。

6. 好的导入可以提升学生审美的品位

不要误以为导入就是制造笑料，让学生开心一笑。其实，在导入中能体现出许多人生的哲理，它能给学生带来更多的美感。这里所说的美感不仅仅是美术欣赏中的艺术美感，还包括情境故事的美感、语言表达的美感、肢体表演的美感等。如果是一个好的导入，它会在极短的时间里让学生享受到无限的美感，提升审美的品位。

（二）导入技能的构成

导入的技能有很多，主要由以下几个方面构成：

第一，根据教学的目标选择适合教学内容的导入内容。有些学科知识在理解方面有一定难度，有些技能操作较为枯燥乏味，这就特别需要好的教学导入把学生"快捷""准确"地送往学习目的地。导入的内容必须符合学习的内容，否则，会把学生引导到偏离教学目标的方向。

第二，创设能够引起学生学习兴趣的导入形式。兴趣是学习动机中的重要成分，是求知欲的起点。导入的目的之一就是采取各种方法或创设各种情境，把学生的学习积极性调动起来。学生喜欢的导入形式很多，要精心设计和选择。

第三，导入过程要充分体现师生互动及表演性的特点。导入的过程并非老师唱独角戏，与学生的互动是非常重要的。导入有了学生的参与，其效果是不一样的。学生往往更能抓住其群体的兴奋点，引起学生的注意力。无论老师还是学生主持的导入，都可以采用表演性强的方式，以吸引学生。

第四，导入结尾必须有效地引入课题。导入开始要能掀起波澜，导入中间要能引人入胜，导入结束要能耐人寻味，很自然地进入学习内容。也就是说，最后要达到导入的目标，要能有效地引入课题。

（三）导入的类型与方法

一堂课如何开头并没有固定的模式和方法。导入的分类和方法多种多样，虽然很难用某种模式或方法进行概括，但仍有一定的规律可循。不妨尝试从不同角度进行分类，并研究其导入的方法。

1.语言类导入法

美术学科虽然属于视觉艺术课程，但与其他学科有着最大的共性，即离不开语言。导入也是如此，而且用得最多。例如，讲一个有趣的故事，讲授新知识之前回顾、复习已学知识，以及讲述、介绍、布置等。尤其是故事，中小学生都爱听。语言导入应抓住学生好奇的心理，激发学生的思维兴趣。语言导入应注意用词准确、语言表达简明、生动和趣味，同时还要注意语态的亲切。

2. 游戏类导入法

游戏是小学生特别喜欢的一种导入形式。在游戏导入设计中，要考虑以下几点：一是游戏的适应性和参与性；二是情境的真实性和感染性；三是游戏的愉悦性和趣味性；四是游戏的审美性；五是游戏的哲理性。游戏是教学活动的一种体验活动，重点是通过体验去感受学习内容的内涵。

3. 展示类导入法

美术教学中有很多内容是通过展示或观摩导入的。例如，欣赏自然景观的图片，欣赏美术作品，欣赏制作过程或方法等。在这类导入中应注意：一是所展示的图片、作品要清晰；二是所展示的内容要让全体学生看得到或看得清楚；三是对于操作的过程要局部放大，让学生看仔细。对所展示的内容一般要求制作成多媒体课件，以利于展示。

4. 演示类导入法

美术教师运用娴熟的技巧向学生当场示范，很容易感染学生。教师的示范往往令学生折服，有时甚至可能影响学生一生的发展。因此，无论是板书、板绘还是色彩演示、制作演示、国画演示等，都要认真对待，尽量满足学生的心理需求。这种导入方法能帮助学生从视觉上了解高难度的艺术技巧，使学生减少学习中的畏难心理，增强兴趣和自信心。

5. 实验类导入法

"实验"一词似乎是理科的专用名词，其实美术教学导入中也常用到实验。例如，小学一年级的"认识美术材料"一课可设计实验导入：在两个透明杯子里加入半杯清水，然后将油画棒和水粉颜色分别放入，再加以搅拌，它会呈现出不同的效果。小学生们对这一实验过程看得很着迷。实验法的展示，加上老师魔术师般的表演技巧，使小学生们很容易了解油画棒是不溶解水的绘画材料，而水粉画颜色是溶水性很强的材料。

6. 问题类导入法

创设一个问题情境，也是美术教学导入常用的形式。问题的情境既不宜太难也不能太简单，应该贴近学生的认知水平和理解能力。应当注意以下几点：一是设计问题时要有针对性，是针对学生个体还是集体（小组）；二是设计的问题必须与学习内容相一致；三是设计的问题要有探究性和讨论性；

四是对所回答的问题要有预设性和生成性的准备。

7. 表演类导入法

在新课程理念的推动下,美术课或艺术课中更多地采用表演形式进行导入。有的以舞蹈形式,有的以小品形式,有的以雕塑造型的形式,还有的以课本剧的形式等,这些形式都能提供生动活泼的导入。

8. 影视类导入法

在美术课或艺术课中放映电影或电视剧片段,是深受学生欢迎的一种导入方法。老师有时让学生单纯欣赏,有时要求为影片的主人公配音,有时让学生扮演剧中的角色等。当然,对电影的选择、故事情节的选择是极为重要的一环。因此,要考虑以下几点:一是电影剧情必须符合学习的内容;二是要适应学生的认知水平;三是掌握好播放的时间节奏。

(四)组织生动活泼的课堂教学

1. 通过组织活动达到教学目标

活动教学以"活动促发展"的思想,明确提出了以活动的方式作为教学的基本方式。这是对传统课堂教学的一次革命性变革。它将引起我国课堂教学领域里的根本性变化。美术课程标准提出的总目标为:"学生以个人或集体合作的方式参与各种美术活动,尝试各种工具、材料和制作过程,学习美术欣赏和评述的方法,丰富视觉、触觉和审美经验,体验美术活动的乐趣,获得对美术学习的持久的兴趣;了解基本的美术语言的表达方式和方法,表达自己的情感与思想,美化环境与生活。在美术学习过程中,激发创造精神,发展美术实践能力,形成基本的美术素养,陶冶高尚的审美情操,完善人格。"这里把课堂活动提到了首要的地位,更加注重学生主动地参与美术活动,体验活动的乐趣,以此来丰富视觉与触觉感受,发展美术实践能力。因此,只有开展丰富多彩的课堂活动,才能达到教学目标。让学生在"动"中"活",在"活"中"动"。在此过程中,学生的美术兴趣、爱好和特长得以充分发展,学生的审美情感、艺术素养得以全面培养。

2. 组织教学活动应注意的问题

(1)教学活动的设计

设计好教学活动是课堂成功的关键。

首先，书面预案的构思设计。这是整堂课中的重要组成部分。它应该与该课的教案一并设计。因为活动不是孤立的，而是教学过程的一部分。当然，在符合教案整体的前提下，可以将活动单列细化设计。

其次，要注意不同类型的设计要求。第一，技能操作活动中要注意作业量与完成作业时间的设计，给大多数或少数动作较慢的学生预留时间，减少半成品作业，让每个学生都能感受到作业成功的乐趣。第二，小组讨论时，要注意讨论的内容或主题有针对性和实效性，并非摆摆花架子走走过场，应该让学生在讨论中发表独特的见解。第三，肢体性活动要注意空间性。个体动还是小组动？怎么动？其空间的考虑是不同的。

最后，要让学生参与活动设计。为了使活动更有效、更贴近学生，教师既可以把自己的设计拿给学生修改，也可以放手让学生自己设计，这样可以调动学生学习的积极性。

（2）教学活动的实施

有了完善的活动设计之后，便可实施活动计划。在实施中需注意：

第一，注意操作中的难点。在美术课堂教学中，无论是画还是制作都属于技能操作，都会出现难点。老师要掌控难点，及时化解难点。因此，一方面要关注基础差或动作慢的学生，多给予帮助和指导，让他们与其他同学同步；另一方面要注意安全教育，尤其在使用美工刀、剪刀或钢丝、金属片等易出危险的工具时，要多提醒和加以防范。同时，还要注意所使用的材料是否有毒有害，如泥类、布类、废弃材料类等，以确保学生的健康。

第二，要激发学生参与活动的兴趣。任何活动都必须对理解教学内容有帮助，这应该成为课堂活动的重要原则。在这一原则下，教师首先要激发学生参与活动的欲望和热情，然后要让更多的学生参与进来。教师尤其要调动不参与活动的学生的积极性，使动与静之间形成互动。

（3）教学活动的总结

虽然要重视学生活动的过程，但不能忽视教学活动后的总结。总结一般从以下几个方面考虑：一是通过实施活动验证、修改设计方案，增强和提高活动预设的能力；二是在组织实施过程中教师与学生的互动效果，还有哪些学生未能动起来，力争下节课让他们动起来；三是工具材料、表演道具等准备情况；四是出现了哪些偶然问题，应急处理得如何；五是让学生参与总结，重点是反思自己做得怎样，以及向老师提出问题和建议。

从不同座位的设计组织教学活动。在美术课堂活动中，对于教室的座位进行合理的安排往往会起到推波助澜的作用。实验研究及教育实践均表明，课堂座位编排方式对学生的课堂行为、学习成绩、社会交往、学习态度、人际关系以及整个教学活动，会产生直接或间接的影响，具有重要的教育学意义。因此，合理地设计课堂座位，充分利用不同座位模式的特点，是课堂活动教学中一项重要的工作。

长期以来，我国中小学课堂教学一般采取秋田排座模式。这种排座方式尽管便于教师观察和控制全班学生的课堂行为，但它以教师为中心，在情感上隔开了教师和学生，不利于学生的个性发展。在美术课堂活动中，教师不同的座位编排方式具有不同的特点。每一种排座模式都有其明显的优越性，也有其应用上的局限性。教师要根据教学目标和课程实施的要求，按照班级规模和学生的特点，灵活地运用不同的座位编排模式，使教学活动获得最大的效益。

综上所述，课堂活动教学是一项值得教师长期探索的工作。只有在探索过程中才有可能产生成功的经验，当然也会产生失败的体验。教师要及时地对自己实践中的体会进行反省，抽象和概括自己的实践经验，使美术课堂活动发挥出独有的魅力。

（五）根据不同的学生组织多样的活动

心理学的研究表明，青少年学生的身心发展具有顺序性和阶段性、稳定性和可变性、不均衡性和个别差异性等特点。因此，教师必须了解学生，懂得学生的心理特点，根据不同的学生组织多样的活动。在活动教学中，可以运用以下几种方式：

1. 体验型活动方式

体验是人类的一种心理感受，与个体经历有着密切的关系。体验不仅对学生的感性认识学习有帮助，而且在发展学生的情感、意志、态度和价值观方面有着独特的作用。活动教学高度评价体验学习的意义，认为它是学生发展中必须运用的一种教学方式。体验型活动方式应当成为学生主体实践活动的重要组成部分。美术教师在创设问题情境时，应当调动学生的情感、知觉、思维、注意等一系列心理功能共同参与体验,以促使学生的心理真正发生变化。教师要尊重和接受学生对于观察的不同感受,以促进他们个性的成长。成功的体验会使学生增强自信,失败的体验对于学生也同样重要。教师特别要鼓励学生正确地面对失败,学会从失败和错误中学习。

2. 交往型活动方式

交往作为有目的的人与人之间的相互作用,与教学有着不可分割的关系。教学交往需要建立在一个相对完整的相互作用的教学系统之上。这个系统包括教师、学生和他们共同参与的活动。教师与学生、学生与学生之间,正是由于与活动对象相互作用才产生了交往的需求,而交往又反过来促进教师、学生与活动对象间的相互作用。学生正是在这一相互作用的过程中得到了发展。认知与交往是共生的。学生的学习本质上是一种社会性建构过程。学生对知识的掌握,必须经历集体智力活动的阶段。同时,交往对于学生的发展具有多方面的意义,如主体意识的形成、掌握与人沟通的技巧、培养合作精神等。因此,交往是学生学习的一种特殊活动,是教学中发展学生综合素质的一种手段,也是学生主体实践活动的一部分。

3. 游戏型活动方式

中小学生的心智还不成熟,天性爱玩。因此,美术教师可以创设比较轻松愉快的课堂气氛,让学生的身心得以放松。在课堂上引入游戏的方法是可取的。教师可以在笑声中对学生进行艺术审美的技法教育,调动学生的多种感官,使美术课充满跌宕起伏的节奏,成为激发学生兴趣的"催化剂"。当然,这"催化剂"不能"催"过头,以致课堂闹哄哄而一发不可收拾。教师应该有张有弛,把握好游戏的"度"。游戏的方式可以包括魔术、谜语、摸宝、竞猜、表演等。

4. 创造型活动方式

创造型活动方式重在激发学生的创造动机,培养创造态度和形成创造性人格。教师可以在课堂中策划某个专题,让学生进行即兴创造;也可以让学生自己策划和组织专题研究,自行开展即兴创作和表演等。要使学生认识到,自身潜能的实现便是一种创造。创造性人皆有之,创造没有等级之分。创造是随处可见、随时可以进行的,重要的是要形成良好的创造心理品质。教师要敏锐地发现学生独特的思想，并给予及时的鼓励。创造型活动方式的意义在于激发学生的探究精神。对于同一问题的不同探究方式，表现了学生的创造能力和带有个性特征的思维方式。因此，教师要及时鼓励那些"与众不同""标新立异"的行为，并向全体学生展示。

5. 讨论型活动方式

活动教学的课堂是一个充满变动的课堂，会不断产生新的矛盾和新的问题，也会出现新的转折和新的教育契机。教师要有敏锐的感受能力和灵活的应变能力，能迅速对课堂教学进行调整，对所出现的问题做出反应。当学生对某一问题有很多见解时，要组织学生进行讨论，创造有利于讨论的课堂气氛。教师要指出学生讨论中的矛盾所在；要帮助学生流畅地表达；要协助学生疏通思想，理清思路；要引导学生进行抽象和概括，与他们一起交流活动的成果等。活动教学所提出的问题如果不具有新颖性和挑战性，就不可能引起学生的兴趣和求知欲，也不可能引发真正意义上的学生学习活动。因此，教师在设计学生的主体实践活动时，需要花大力气研究如何提出问题和提出什么样的问题，不断向学生指出讨论中有争议的部分，以培养学生的学习能力。

6. 小组合作型活动方式

小组合作型活动方式是以小组为单位，共同创作一幅作品。这样的创作活动难度较大，需要由教师全面计划、精心组织，经多次反复才能完成。这种活动方式需要每个成员的个人创作，可以发挥主体的特长，又需要集体的配合合作。正因为任务比较复杂，所以更能够培养学生群策群力地研究问题、同心协力地解决问题、有计划有步骤地完成任务的各种能力。当所有的人为了一个共同目标聚在一起工作的时候，靠的是相互团结的力量。相互依靠为个人提供了动力，也培养了学生互勉、互助、互爱的精神。自由结合的小组学习方式，其主要特点是有利于小组成员之间情感、智慧的交流和协作。教师在进行分组时，可以按照自由组合的方式，也可以把不同程度的学生进行混合编组，促进好、中、差学生之间的交流，从而密切相互之间的关系。

二、上课

上课是最复杂、核心的工作。要上好一堂美术课，主要有把握讲授技巧、提问与倾听、观察与点拨、情境创设、课堂调控五个环节。

（一）讲授技巧

教师的工作是要靠自己的语言与行动进行传道、授业与解惑。因此，教师讲授能力与讲授艺术对于教学的有效开展是非常重要的。

讲授包括讲述、讲解、讲演等形式。讲述是指教师运用生动形象的语言，叙述、描绘所要讲的知识内容。在美术学科中，有关美术作品的历史、造型的基本结构、色彩的形式等，教师采用的多是讲述的形式，其侧重点是讲事，而非说理，目的在于帮助学生形成鲜明的表象，情绪受到感染。讲解则是指教师对所要讲的内容进行解释、说明、分析、论证。与讲述相比，讲解侧重于讲理而不是说事，目的在于帮助学生发展理论思维能力，如理解色彩的对比关系，造型的透视关系等一般采用讲解形式。讲演，在美术课中可以理解为演示或示范，即边讲边演示，这是一种很直观的教学形式，往往能起到立竿见影的效果，在美术教学中广泛采用。

教师在讲授时，应努力做到深入浅出、富有感染力，并要有针对性与启发性。教学是以知识为载体的活动，对知识的表达、分析应努力贴近学生的现实生活，利用学生的生活事例，化抽象为具象，变难懂为易懂，用学生听得懂的语言去讲解，学生就能更深刻地理解知识。在讲授的过程中，教师使用一些轻松幽默的语言营造出更为轻松的氛围。

（二）提问与倾听

在课堂中的提问是教师和学生非常重要的交流方式，同时也是沟通教材、教师、学生的桥梁和媒介。教师通过提问，吸引学生的注意力，激发学生的思维，引导学生积极主动地探索知识，培养学生的表达能力和思维能力。教师只有善于提问，课堂气氛才会活跃，学生的思维才能被激活。因此，教师设计的问题要新颖、巧妙，击中要点，才能使课题提问取得良好的效果。当然，课题提问也包含了学生的提问。事实上，这就是学生主动探求知识的开始，是值得鼓励和激发的。

课堂中的提问既包括教师的提问，也包括学生的提问。教师的提问有时会与初衷相违背，即使学生陷入"沼泽与迷茫"中。此时，教师就要适时地导答，这需要摸清"卡壳"的症结，多向疏导，多方寻求解答的突破口，暗示点拨；触类旁通，从问题的外围入手；以退为进，降低提问的坡度；直观示现，靠形象给学生以启示；举一反三，通过示范给学生以启示；划定答域，控制思考和回答的范围。在课堂中，学生也会提问。针对学生的提问，教师要因势利导，使学生的提问变为有益的教学资源生成点，引导学生深入思考。因为美术是强调个性的学科，在课堂中鼓励学生有自己的观点，不但能使全班同学在热烈的讨论中掌握知识点，而且能使提问的学生受到鼓舞和激励，提高学习自信心。另外，还能使全班同学受到一次尊重他人的教育。

在课堂中的倾听也是一种教学技巧，是一种促进师生共同成长的凭借。教师要倾听学生的每一个问题、每一句话语，要善于捕捉学生的思维结点，以使学生在教师的倾听与应答中体验到自己的想法被关注。良好的倾听可使教学获得更为丰富的资源，构建平等的师生关系，为学生营造一个宽松的成长氛围。

当然，针对学生的发言，教师要仔细倾听、辨别与选择，在最短的时间内做出决定，或者点拨，或者以此展开讨论，或者借景抒情、借题发挥。

（三）观察与点拨

课堂观察是美术教师了解课堂、掌握课堂的重要环节。教师要对学生的行为尽量进行全面细致的观察，并针对观察的情况予以反思，进而改进教学。

通常情况下，教师课堂观察要关注的内容包括以下几个方面：

第一，观察学生的情绪状态。学生在课堂上是否有一定的紧张感和愉悦感，可以表现为眉头紧锁、点头微笑、表情呆滞。学生的疑惑、接受或注意力分散，可以通过这些现象表现出来。同时，还要观察学生各种情绪的自我调控和转换情况。例如，从疑窦丛生到喜形于色，从激烈的讨论到专注的聆听等。

第二，观察学生的整体配合状态。在美术课的学习过程中，许多课程是通过小组合作与互助来完成的。例如，在"利用废物制作艺术品"一课中，需要学生分工寻找不同的材料带到教室，并合作制作好一件艺术品。美术教师在课堂中要注意观察学生是共享合作，还是封闭孤立、互相排斥。可以说，美术课堂是培养学生的合作精神与健康心态的良好空间。

第三，观察学生的参与和认知情况。所有课程都力求使学生能在课堂中集中注意力。教师要观察学生是否注意力集中；是否真正进入学习状态，目光是否关注教师；是否踊跃举手发言和参与讨论、实践；学生是否积极开动脑筋进行深度思考；对于教师的问题是否能够流畅地、有条理地回答；等等，并进一步确认学生的认知情况。

在课堂中，通过敏锐的课堂观察，发现问题之后，适时进行点拨是教师必备的教学技巧。所谓点拨，就是指点、启发，即点其要害、点其重点，拨其疑难、排除障碍，是帮助学生在分析问题和解决问题时理清思路，找到解决问题的最佳途径。在美术课堂中，教师要针对学生在专业学习的过程中遇到的不解，运用形象的物品与恰当的语言来启发学生理解相关的知识与技法，并进行思考与实践，以寻找解决问题的最佳途径和方法。例如，在美术的造型对比中，两个同样的圆形，放在不同面积大小的纸张上面，其视觉效果是不一样的，大面积纸张上的圆形感觉上会比小面积纸张上的圆形小一些。抽离纸张，观察圆形是一样的。教师适时点拨：造型的对比可以产生视觉效果的差异。

课堂点拨是教师的一种教学技能，从深层次上看是启发式教学的运用。课堂点拨要讲究适时、适度，教师要通过观察，掌握学生思维发展的时机与特点，适当予以点拨，才能起到豁然开朗的积极效果。点拨的语言要简明扼要，一语中的，不必过多地引申和阐发，即"点到为止"。课堂点拨要因事而论、因人而异，灵活多变。在教与学、教师与学生的关系上，既要充分发挥教师启发、诱导、激励的主导作用，也要充分发挥学生主动探索、积极思考、自觉实践、生动活泼的主体作用。

（四）情境创设

情境创设是指教师为了实现教学目的而创设的某种气氛。情境创设是课堂教学的重要手段，对促进学生学习，提高教学质量具有重要的作用。

创设美术情境教学的途径很多，常用的有以下类型：

其一，借助实物和图像创设教学情境。一般指借助模型、图片、范画、视频等在教学过程中呈现丰富生动的直观形象，从而加强学生对美术知识的感知度，提升吸收率，并有利于学生对知识的记忆、理解和应用，最终促进由知识向能力的转化。

其二，利用示范演示创设教学氛围。教师的示范包括当场的示范动作或制作，如绘画示范。美术课堂示范表演要做到材料工具准备充分，示范简明扼要，方法步骤清晰，形象生动准确。示范可以是绘制的全过程也可以是局部技法提示，对作品的难点、重点表现部分，可以突出演示，便于学生理解与学习。

其三，设计有趣的活动以创设情境。为了唤起学生的学习兴趣并增强学习的愉悦过程，教师可预先设置一些有趣的活动，让学生在愉快的活动中学到新的知识与技能。

（五）课堂调控

课堂调控是指教师对教学状态有一种灵敏而强烈的感知能力，并能做出迅速、准确的反应。

教学是一个由教师、学生、教学环境等多种因素组成的系统。课堂氛围的优劣往往取决于教师的控制力，若缺乏控制或控制不当，课堂秩序混乱，易造成学生心理压抑，不利于学生的身心健康。

课堂调控可以分为教师自控、控制学生、控制教学，三者统一贯穿于教学之中。

1. 教师自控

教师自控是要求教师有很强的自我控制、自我反省的意识；在情绪和心态上要带着饱满、乐观的情绪走进课堂，不要把自己生活中的消极情绪带进教室；教学语言表达要通俗易懂，具有抑扬顿挫的变化；面对突发事件，对于学生或课堂上可能出现的非预定性问题，要对事情的性质、特点，妥善地予以处理。

事实上，在课堂中出现意料之外的事情是很正常的，关键是要看教师如何细致入微地发现生成点，并以尊重学生、珍视学生的独特思维为前提，寻找契机启发学生，将学生引入思考的殿堂。

2. 调控学生

一方面，教师必须熟知学生的知识基础、心理状况、求知欲望的强烈程度、学习程度、接受能力等，以便因材施教；另一方面，教师还必须熟知教学内容，善于运用科学有效的教学方法向学生传授知识，以情绪感染、语言激励、活动参与等方式调控学生的情绪。

另外，教师还要对个别或部分学生进行情绪调控，让学生以高涨的热情投入到学习中，努力转变他们的消极情绪。尤其要注意学生注意力的调节，避免教学强度过大而导致疲劳、注意力分散，尽量使学生的注意力保持较长时间的集中。

3. 调控教学

教学过程是教师与学生间的信息传输与流通的过程。因此，教师对教学的调控，要加强教学信息的反馈，改变教师独自的单向输出，开辟多种信息反馈渠道，使教学信息呈现出双向或多向的沟通；要善于捕捉学生的听课情绪、神态等间接的反馈信息，从中推测和判断他们对教师输出的知识是否理解、满意，并迅速调整教学措施，将教学继续引向深入。

另外，教学调控还要注意节奏与时间的调控。课堂教学节奏是教师在课堂教学过程中富有美感的有规律的变化，是贯穿于教学艺术审美结构中的内在律动，教师要通过教学内容、教学方法的调节，使课堂教学张弛有度、错落有致。

对于教学时间的调控，课堂教学的时间是师生共有的。虽然教师是教学时间的分配者，但其本质上的使用主体更倾向于学生。教师应科学地分配与调控教学时间，强化教学流程与教学时间的联系和效率，适当留出时间给学生自主地感悟和探究。

（六）评课

评课是指对课堂教学的成败得失及其原因做切实中肯的分析和评价，并能够从教育理论的高度对其做出正确的解释。

课堂教学是美术教师的中心工作。有秩序地、科学地开展评课活动，对提高课堂教学质量，提升教师教育教学素养，进一步加强和深化新一轮的课改有较强的现实意义。

美术课堂评价包括评课的内容、评课的原则、评课形式三个方面。

1. 中小学美术课堂教学评课的内容

中小学美术课堂教学评课的内容主要包括以下五个方面：

第一，评价美术课堂的教学目标。即在每一节的美术教学中，培养学生在知识掌握、艺术表现、审美、应用等方面是否目标明确，其中隐含的素质教育，德育、智育的渗透，情感、态度、价值观等良性影响是否在教学中体现出来。

第二，评价美术课堂的教学内容。评价其教学内容是否正确理解与把握教材，理解教材内容，把握教学的重点难点；教学内容是否符合中小学美术课程标准的要求，符合现代教育观念，适合学生年龄特点，能否引起学生的学习兴趣和心智的发展；讲述的内容是否结构清楚、层次分明、准确无误、深入浅出、突出重点难点；教学内容与训练内容是否能有机地融合，指导方法是否得当。

第三，评价美术课堂的教学过程。教学过程的评价，首先要看教案、课件、范画、范作、准备活动场景、设置问题情境、教具学具、教室等教学准备方面。其次要看教学过程设计，每个教学环节是否过渡自然、环环相扣，时间分配是否合理，是否按照计划顺利进行，是否能充分调动学生的学习积极性，是否灵活应用教学方法，等等。

第四，评价美术教师的教学能力。评价教师的教学能力应着眼于其讲授是否能做到教态自然、亲切，语言是否准确、规范、流畅，表达是否富有感情并吸引学生注意力，板书是否设计合理，字迹是否工整；其演示能力是否做到技法、制作步骤演示熟练，造型准确，形象生动，用笔、用色生动，整体效果生动，并解决学生存在的问题；其课堂指导是否能够有计划地巡视辅导，善于发现学生在绘画或操作中出现的共性问题，并通过启发思维、引导观察、表演示范等手段及时予以解决，及时帮助个别学生解决在绘画、设计、制作中遇到的困难；是否能及时机敏地处理课堂教学中出现的，如打架、争吵、生病、作业奇特等各类问题；是否善于结合教学内容与实际联系，对学生进行品德、行为规范、责任心、意志品质等方面的教育。

第五，美术课堂教学效果的评价。教学效果是从学生的学习情况体现出来的。一方面，学生能否对学习感兴趣，积极性高，思维活跃，探索积极，喜欢并愉快地学习；另一方面，学生是否完成预定的学习目标与教学活动目标，活动表现和作业完成效果好。如果作业完成效果好，说明学生对美术知识、技法掌握得较好，是学生积极动脑、动手与操作的结果。

2. 中小学美术课堂教学评课应遵循的原则

评课是要全方位地对课堂做出客观、公正的评价，因此，评课教师对美术课堂评价要注意的评价原则主要有以下几方面：

第一，明确评课的目的。美术课堂评价的目的是让美术教师明确什么样的课是一堂好课。评课者要有责任心，本着客观公正、实事求是的精神，做到实话实说，评课才有意义。评课者要站在执教者和帮助促进者的角度去分析考虑问题，提出中肯的意见，态度要诚恳，让执教者在一种融洽的气氛中，轻松、愉快地感觉到评课教师的善意，并接受评课教师的意见，这样才有助于执教者反思自己的教学，从而提高教学水平。

第二，遵循评课的科学性。中小学美术课堂教学评价要符合美术学科教学的规律与原理，要符合中小学美术实际。评价要客观，避免主观性。

第三，对美术课堂进行整体评价的同时，要遵循因人而异的原则。中小学美术课堂教学是一个完整而系统的过程，是由美术教师积极调动一切要素来完成的。评课者不能只听完讲授部分，而不注重辅导练习过程和教学总结过程。在评课过程中，每一个教学都不能遗漏。例如，在辅导练习阶段，美术教师可能会遇到在备课中未准备到的各种各样的问题，灵活处理的方式与结果也是评价课堂的一个不可忽略的内容。此外，执教者因人而异，课堂评价也必须要因人而异。不同的教师采用的方式、方法、特色不同，评价的侧重点也不同。对于一些骨干教师，应提高要求，抓住个性特点，挖掘教学特长，激发个人教学风格的形成。对于一些年轻教师，应根据实际情况提出改进意见，避免提出过高要求而欲速不达。

第四，讲究评课的艺术性。为了使评课发挥作用，评课者必须要讲真话，但这样或许会出现"话重"的情况。因此评课者要讲究谈话的艺术，要掌握一定的心理学，讲究方法与策略，并注意评议的尺度，从帮助、教育、促进的角度去考虑，把课真正评足、评好。

另外，评课的标准和方法要切合实际，简便易行。避免因烦琐复杂的条款和量化表格，而忽略教学的主题和课堂教学的根本。

3. 中小学美术课堂教学评课的形式

评课是检查教学质量、总结教学经验的一种教学研究方式。其形式很多，包括自我评课、个别面谈、小组评议、同行专家会诊、师生评议、书面材料等。

最常用的有三种：一是个别面谈，即听课者与执教者面对面地单独交流。这种形式更容易进行双向沟通，既可以保护执教者的自尊心，又可以探讨问题，也更容易深入。这种评课通常是在只有一两个人听课的情况下采取的形式。二是小组评议，即教研室成员或人数较多时采取的小组评议的方式。这种方式一般适用于一些展示课、研究课等，通常按执教者说课，听者评课，领导、专家总评的顺序进行评课。三是同行专家会诊，即邀请同行专家对执教者的课进行会诊。这种方式更容易帮助青年教师扬长避短，尽快成长。同行专家比较有经验，看问题比较准确、深入，能够有理有据，更具说服力。

第五章 民间美术和新媒体在美术教育课程中的应用

第一节 民间美术在现代美术教育中的应用

一、民间美术概述

中华民族的劳动者在漫长的历史中创造了丰富多彩的中国民间文化内容。中国民间文化是一个庞大的艺术体系,而民间美术是中国民间文化最重要也是必不可少的组成部分之一。中国民间美术是指在悠久的人类文明历史和社会发展的过程中,由普通中下层百姓和劳动者根据自己的生产经验和生活活动,由整个集体共同进行加工创造并进行代代传承的一种美术形式。中国民间美术的提法主要区分于文人士子美术和宫廷美术。中国民间美术种类繁多且寓意深刻,主要是以劳动人民创造出来的具有浓厚的乡土气息和地域色彩的美术作品形式出现的,主要包括人们日常生活中经常见到的年画、剪纸、刺绣、泥塑、面塑、风筝和传统的编制工艺品等。这些民间美术作品内容通俗易懂,贯穿于人们的衣、食、住、行各个方面,反映了中国传统文化的审美倾向,满足了人们的精神文化需要,受到了广大人民群众的热烈欢迎。

二、中国民间美术在现代教育中的现状浅析

由于经济和社会的快速发展,人们对传统的中国民间美术的接纳度不高,再加上现代教育中过于重视传统的应试教育,而忽略了对学生的审美教育,使得学生"德、智、体、美、劳"中"美"的教育极度缺失,一些学生对于本土、本乡的民间美术形式知之甚少乃至一无所知,更不要说对于民间美术

的艺术形式的传承和保护。

(一) 民间美术在现代教育中内容和形式都十分有限

在现代学校美术教育中，涉及中国民间美术的内容和形式都十分有限，现在的学生大部分都是吃着面包和牛奶长大的，对于西方的文化和节日接受得比较快，而对一些东方的文化和传统却知之甚少，对自己家乡的民间美术形式缺乏真正的认识和感受。在现代学校美术教育中，学校没有做到因地制宜地开发民间美术教学资源，再加上对于民间美术教育的各方面投入也十分有限，使得一些本土本乡的美术形式不能真正和现代学校美术教育相融合，没有达到对学生美育的教学效果。

(二) 民间美术教学方式单一

对于民间美术的教学，美术教师普遍采取传统的教学方式，在课堂上教师一般采取照本宣科的方式进行民间美术绘画技巧和绘画理论的解读，使得本来来源于人民群众的日常生活并且有着浓厚的群众基础的民间美术脱离了社会生活和人民群众。艺术与社会生活脱节，造成了学生对于民间美术的学习兴趣不高、学习效率低下，不利于民间美术的传播和流传。

(三) 专业的美术师范教学课程比例失调

在现代美术教育中学校依旧沿袭着美院式的教学方法，在教学中纯绘画技巧的课程占据着学生的大半的时间，教师对于一些西式的美术课程如素描、水粉、油画和色彩等西方绘画方法浓墨重笔地进行讲授，而一些民间艺术课和民间文化课几乎没有，即使有也是以选修课的形式出现，没有真正将民间美术纳入到学校美术教材中来，达不到普及民间美术的效果，使得民间美术和其他艺术分割开来，从而让学生错误地认为只有西方美术才是真正高雅的"阳春白雪"，而民间美术是低俗的"下里巴人"，不愿意进行民间美术的学习。再加上学校开发校本课程不到位，使得学校的美术教育没有与当地的民间美术资源相结合，无法形成自己独特的美术教育资源。

(四) 专业的民间工艺美术教师缺乏

在学校从事美术教学的教师一般是专业的美术院校出身，他们有着丰厚的专业美术知识和美术绘画技巧，但是却缺乏一定的民间美术创作的经验，再加上一些专业的民间工艺美术家还没有投入到民间美术教育中来，造成民间美术的理论与实践脱节，引不起学生的学习民间美术课程的兴趣。

虽然民间美术在现代美术教育中还存在着诸多的问题需要解决，但是也应该看到随着新课程改革的实施，各个学校和地区也逐步开展了民间美术课程的改革探索，民间美术教学的内容大大增加。

三、民间美术课程对现代美术教育重要性探究

（一）中国民间美术课程文化传承的重要性

中国民间美术来源于普通劳动群众的日常生活和生产劳作，具有强大的艺术活力和生命力，而且有着深厚的文化内涵和审美底蕴，在社会生活中起着重大的社会教化的功能。但是在传承和发展过程中，中国民间美术也存在着诸多的问题亟待解决。例如，少数民族的美术形式容易受到外来文化尤其是西方文化的冲击，使得本来依附于本民族和本地域的美术形式逐渐消亡。同时，中国民间美术大多采用口耳相传或者家族式的传承方式，使得一些民间美术形式面临失传危险的局面。人们要将中国民间美术纳入现代美术教育中去，通过教育的手段和方法让一代人告诉下一代人什么是民间美术，怎样传承民间美术形式，让学生了解民族民间美术产生的过程，学会民间美术的创作技巧，从而培养他们对民间美术等传统文化的热爱和关注的兴趣，扩大民间美术的影响力，让年青一代自觉投身到传承中国民间美术文化的队伍中来，有利于完成民间美术的文化传承使命。

（二）中国民间美术课程情感教育的重要性

中国民间美术是中华劳动人民在劳动中或休息时即兴由心创造的艺术作品，是一种自身情感的宣泄和抒发。将中国民间美术课程引入现代美术教育中，更加重视通过民间美术的亲和力和随心性，容易让学生获得最真实的情感的渲染和教育。同时，民间美术作品一般是由民间艺术家手工制作出来的，这与高科技时代冰冷的机械制图形成鲜明的对比，让身处激烈的竞争和快节奏的生活中的人们在欣赏民间美术作品的时候暂时远离嘈杂和拥挤，体验一种人与自然的真正和谐。例如，在民间美术课程教学中，人们可以加入编制手工艺的课程或者陶艺的课程，让学生自己动手，制造出自己喜爱的陶艺或

者手工编制作品,让学生体验这种返璞归真、回归自然的轻松与自在,从而获得更高层次的情感的升华和体验。

(三)中国民间美术课程有利于学生创新实践能力的培养

通过将中国民间美术引入到现代美术教育中,可以培养学生的创新能力和动手实践的能力。中国民间美术是民众化的艺术,来源于普通人们群众,而且内容丰富、趣味性强。这为学生在借鉴和学习民间美术的方法和技巧的基础上,提供了丰富的创作力和想象力。学生可以在原有的民间美术造型和民间美术作品的基础上进行发散性思维,根据自己特长运用更加灵活的创作方式和创作要求,突破形体的束缚根据自己的意愿和喜好创作出新的形象,从而将中国民间美术在继承的基础上有所创新和发展,促进中国民间美术的健康发展。同时,将中国民间美术融入到现代美术教育中还能提高学生的实践能力。民间美术教育主要以手脑并用的实践性学习为主,通过学生在民间美术的实践中,用一些必备的工具和材料让学生亲自动手操作并制作一些美术作品,大大提高了学生的实践能力,促进了学生身心健康的全面发展。

(四)民间美术是中华民族集体创作的宝贵的民间文化

在世界一体化和文化多元化文化迅速发展的今天,民间美术课程在现代化美术教育中有着特殊的使命和价值。人们要通过将中国民间美术融入现代美术教育中去,来将一些口耳相传、不成体系的民间美术形式传承下去,使得原生态的民间艺术更加系统和完善,树立广大学生正确的审美观和艺术价值观。同时,民间美术课程的设置还可以促进学校素质教育的推广,完善现代美术教育体系。

四、民间美术在现代美术教育中的发展方法

现代美术教育中缺少了中国民间美术,美术教育工作就会失去民族文化赖以生存的基础。没有民间美术,现代美术教育就是残缺的、不完整的。近些年来,随着我国对民间美术形式的重视,在财力、物力上也加大了投入的力度,使得民间美术逐步被纳入到现代美术教育的计划中来,并且逐步形成了一个完整的美术教育体系。从以下几个方面来分析中国民间美术在现代美术教育中的发展方法:

(一) 在美术课堂中引入民间美术的内容

在现代美术教学中要积极的引入民间美术的内容，通过课堂的形式增加一些民间美术的欣赏课和理论教学课。教师对于民间美术的起源和发展进行全面的讲解，对于一些特定的美术作品进行赏析和解说，让学生充分了解这些民间美术作品独特的创作的背景和创作方法。例如，唐山乐亭的某学校将唐山皮影纳入校本课程进行展示，首先教师讲解皮影是一种将民间美术和民间音乐、舞蹈和说唱结合起来进行表演的一种艺术形式，教师通过展示让学生了解到皮影的制作过程包括选皮、制皮、画稿、过稿、镂刻、敷彩、发汗熨平、缀结合成等八道工序、手工雕刻3000余刀，是一个复杂且奇妙的过程，而在皮影的制作中蕴含着丰富的美术形式。教师要重点讲解乐亭皮影和其他派别的不同之处，通过多媒体的形式让学生观摩皮影表演过程，激发他们对于自己身边的民间艺术的兴趣，使得他们在民间美术教学中审美能力和创造能力得到提升和加强，让人们身边的民间美术形式更加深入人心，确立民间美术校本课程的重要地位。通过将本地的乡土艺术形式融入课堂中来，促进了学生美术造型方面的全面发展，使得过分重视西方美术形式而忽视中华本土民间美术的美术教育状况得到了一定的改善和调整，也让学生从小就熟悉本土的艺术形式，培养了他们对我国传统文化的热爱之情。

(二) 对于民间美术的内容进行正确的取舍

民间美术形式和内容丰富多彩，是一个庞杂的体系，它集中反映了普通的劳动人们最朴素的美学观念和生活追求，带有浓厚的乡土气息和内涵。但是由于受传统文化和传统习俗的影响，并不是所有的民间美术作品所传达的意义和生活态度都是正面的，再加上一些民间美术作品的创作者没有太高的文化水平和思想觉悟，因此，有可能会存在着某种落后的或者封建的色彩。一些民间美术作品思想境界不高，审美格调低下，没有太高的艺术价值。我们在进行民间美术教学的过程中要学会正确地取舍，取其精华、去其糟粕，吸收民间美术中表达积极向上的部分，借鉴其中娴熟的民间美术工艺，让学生形成正确的审美观念，寻求传统的民间美术和现代化的技艺结合的方法，从而培养出熟悉中西方美术知识的复合型的专业人才，为我国民间美术走向世界铺平道路。

(三）坚持"请进来"和"走出去"相结合的方法

前面提到民间美术有着丰厚的群众基础，所以在将民间美术融入现代美术教育中，不应该仅仅是局限在课堂上美术教师根据自己的理解和认识对民间美术作品进行讲解和解读，而是应该充分运用"请进来"和"走出去"的战略，即将一些民间工艺美术家请到课堂中来，通过开设公共课或者公开演讲的方式，让他们用纯民间的语言和展示方式谈谈自己对民间美术作品和美术形式的理解和看法，从而给学生了解民间美术创造一个新的思路和方法。"走出去"就是增加一些民间美术实践的课程，观摩和了解当地具有民族特色的美术形式。通过"请进来"和"走出去"的方式，将民间美术教学真正融入民间中去，让艺术来源于民间，回归于民间，让更多的人了解中华民间美术形式。

（四）民间美术教育应该适应现代化教育的要求

随着经济的快速发展和网络时代的来临，民间美术的教育也应该适应现代化教育的要求，积极运用网络美术资源和多媒体技术组织民间美术课堂，学习并尝试运用 PowerPoint 演示文稿、Flash 动画、Photoshop 等作图软件来更生动、直接地展示民间美术教学资源，让学生更加深刻地了解民间美术工艺。同时，还要注重从世界各国的美术教育方式中吸取宝贵经验，吸收国际上先进的教育方式和美术教育方法，同时保留中华民族的民族性和地域性，让中华民间美术以崭新的姿态和更为人性化的教育方式融入世界艺术的舞台，并在世界艺术的舞台上大放异彩。

五、民间美术在美术课堂中应用分析

中国是一个历史悠久、民族众多、疆域辽阔的国家，民间民俗文化源远流长、种类繁多、丰富多彩，是人类根据生存需要自然地创造出来的。其中包含了许多优秀的传统文化，如音乐、绘画、饮食等。但民间艺术会随着时代的变迁不断变化，又因为其传承方式多为家庭传承或师徒传承，具有较大的封闭性，许多优秀的民间艺术因为没有传人而消失，保护传统文化刻不容缓，也是每个炎黄子孙的责任。将民间美术应用到美术课堂中，可以保护传承民间美术文化。

(一) 民间美术文化走进美术课堂的必要性

民间美术文化包含着广泛而独特的地理知识、历史遗迹、民俗文化、民间故事等内容。当代学生是未来社会的栋梁之材,在学校美术教育中引入优秀民族民间美术作为学校美术教学内容,重视地域文化和民族民间艺术的开发利用,补充鲜活的本土视觉文化课程资源,以拓展学校美术教育的教学空间,学生通过欣赏教学认识传统的地方文化,有利于对传统美术教育的发展,容易激发学生对我国丰富多彩的民间美术的喜爱之情,培养其民族美术的认同感。

(二) 民间美术走进美术课堂的意义

民间美术能促进美术教育途径、方法的多样化。美术课程标准研制组负责人尹少淳指出:"基础美术不是专业美术,而是一种生活美术教育,学生学的不是专业美术,而是生活美术,它所包含的内容应该有利于学生未来生活和身心发展。"既然是生活美术教育,那么中小学美术教育就应该贴近学生的生活,从学生生活和学生可接触到的环境中寻找教育的途径和方法。

当前的美术教材多半注重美术技能的培养,各部分相对独立,缺少连续性和趣味性。也极少有美术教师会教学生欣赏和感受艺术的魅力,只是极力追求美术技法的提高,学生对美术的认识开始模式化、刻板化,不再有丰富的想象力和随心所欲的创造力和动手能力。而民间美术有各种各样的形式,如蜡染、剪纸、雕塑、刺绣、版画等。相对于传统美术教学中的线描色彩等学生更容易对这些丰富多彩的形式产生兴趣,并对传统美术文化产生兴趣爱好,主动去了解学习传统民间艺术。而且民间美术文化包含了历史、音乐、舞蹈、地理、哲学等各种知识,可以与其他学科建立联系并渗透到各个学科中,使学习变得系统化和丰富化。

(三) 美术课堂教学与民间美术文化的相互作用

1. 美术课堂教学有助于传统民间美术文化的传承

现在人们保护传承民间文化艺术多半采用建立博物馆的方式,收集文化遗物保护收藏。但这些尚不足以使传统民间艺术很好地继续发扬传承。青少年是民间美术文化传承的关键,通过美术课堂教学,使更多的人接触感受民间美术文化,并对其产生兴趣爱好,相信日后必定会有更多的人投身于传统民间美术文化的保护传承中来。

2.传统民间美术可以使美术教学更加多元化

民间美术内容丰富、直观、易懂，是朴素现实的美术教材。它也是人类最早的审美想象，它原始的质朴美，非常符合对少年儿童审美的启蒙。它易动手，有装饰味、有情趣，符合当今学生讲求个性的心理，也符合他们活泼跳跃的欣赏角度，符合他们由单纯到复杂的认识过程。如民间美术多半采用木、纸、竹、泥、石、布等材料，在欣赏和了解同时，人们可以采用其他形式制作学习，如石雕可以用萝卜、土豆等代替雕刻，米塑可以用橡皮泥代替捏制；又如蜡染花布可以用宣纸和颜料进行晕染、扎染等。

除了美术课堂的民间美术教学之外，还可以开展各种活动丰富校园生活，如开设传统民间美术文化讲座、参观历史博物馆、走访调查民间艺人、制作民间美术文化报、办美术作品展览会等。

民间美术是我国传统文化的重要组成部分，是人们心理世界与精神追求的形象反映。把民间美术文化应用到美术课堂教学中，吸收民间美术的精华，将民间传统美术与现代美术相结合，是对学生进行人文教育的素材和途径，对学生的综合能力和审美素养的发展起重要的作用。同时，对民间美术的传承发展起到了很大的作用。而作为未来的教育工作者，不断地挖掘民间美术素材，进行整合改编，开创新的美感教育之路，将民间美术发扬光大，更是美术教师的职责。

第二节　新媒体在美术课程中的应用

一、多媒体在教学中的功能与作用

教学多媒体是指直接介入教学活动过程中，并能用来传递和再现教育信息的现代化设备（硬件），以及记录、储存信息的载体（软件），如幻灯机和幻灯片、投影机和投影片、录音机和录音带等。教学多媒体的应用，是教育技术研究与实践的重要内容之一。如今，现代化教学多媒体的应用已逐步在中小学普及。对美术教师来说，应该投身于这场新的技术革命之中，了解多媒体在教学中的作用，学会运用多媒体手段为课程内容服务，为教学目标服务。

如今，多媒体在现代教学中已广泛应用并发挥着不可替代的作用，具体如下：

第一，展示欣赏。在美术教学中，常常需要给学生欣赏各类美术作品。通过多媒体技术手段，可以轻松地解决传统教学中难以解决的观赏问题。作品既可以放大进行欣赏，也可以展示局部，分析用笔、用彩或用墨创造了美术教学中审美感官的冲击力。

第二，情景导入。在现代美术教学中，更多的教师自己制作教学课件，其内容之一就是创设情境，引导学生充满激情地进入课题。这种充满感性的导入，对理解教学内容无疑是难以替代的有效形式。

第三，示范操作。在教学中有很多需要教师当场示范操作的过程，传统的教学手段难以解决让全班几十个人都看清楚的问题。然而，现在老师在投影机上轻松地示范，全班同学都看得清清楚楚。例如，有位老师面对50多个学生上缝荷包的手工课，其中一针针地缝是操作的重点。这位老师将缝制的过程拍成录像，上课时在大屏幕上播放，引起学生极大的兴趣，结果每个人的作业都完成得十分出色。

第四，归纳原理。在复习旧课和讲授新知识时，往往需要罗列许多要点或原理。传统课堂中的解决办法，一是利用板书；二是将事先准备好内容的纸条贴在黑板上。有了多媒体技术，就可以把事先做好的课件打出来。这种方法与传统板书虽然性质相同，但它更加漂亮、更有趣味，可以做出各种艺术效果。

第五，评价分析。传统的评价是老师在办公室里完成对作业的批改。在新的教育理念指导下，采取学生自评、互评和老师总评的方法。这"三评"均为师生互动下的面批，也就是把学生作业展示出来供师生评价与分析。在这方面，多媒体技术能发挥其视觉优势。

二、新媒体在美术教学中的注意事项

现代化多媒体虽然有极大的优越性，但又不能过分夸大它的作用，甚至认为它可以代替一切，以至于迷失方向。为此，人们在运用多媒体时要处理好以下三种关系：

第一，人和工具的关系。人们应当知道，任何现代化教学媒体都只是教师开展教学活动的工具，它必须依靠教师的精心设计，才能发挥出效能。再者，电脑虽然可以分担教师一些繁重的劳动和某些技术性的工作，但不可能完全代替教师的作用，特别是教师对学生的人格影响。人—机关系永远不能代替人—人关系。

第二，图像和文字的关系。多媒体的运用确实能使美术教学如虎添翼，但美术教学并非仅仅是造型和技能问题，还必须达到诸多美术概念、美术欣赏等认知方面的目标，才能形成综合性的美术教育。

第三，美术技能与电子计算机之间的关系。电子计算机绘画、设计软件具有强大的功能，但只能是"辅助教学"，而不应该取代一般美术技能的学习和体验，以及学生实际操作能力（如绘画、泥塑、剪纸等）的提高。这都是发展学生手脑功能的重要途径。教师应当从学生的认识、能力和个性发展的需要出发，把传统教学媒体和现代化多媒体有机地结合起来，实现最佳的教学效果。

第六章　中小学美术课外活动的开展

第一节　中小学美术课外活动的定义和相关理念

美术课外活动是美术课外教育活动的简称，它的教育内容应比课内更加丰富，它与课堂教学协同作用，是课堂美术教学的自然延伸和补充，是学校教育的组成部分。因此，开展美术课外活动的意义重大。

在中小学课程改革大背景下，美术课程的价值、美术教育的目标、美术教学的方式等都发生了一系列变化，相应的美术教学活动的内涵和形式也发生了很大的变化，教学活动的范围已由课内拓展到课外，因此，组织美术课外活动的前提是明确概念和相关理念。

一、定义中小学美术课外活动

美术课外活动是指学校在课堂美术教学计划之外对学生所进行的各种美术教育活动，是学校课余美术活动与校外美术活动的总称。随着美术教育改革的不断深入，人们已经清楚地认识到课外美术活动与课堂美术教学能产生协同作用，课外美术活动不是与课堂美术教学无关的课余活动，而应该是课堂美术教学的自然延伸和补充。美术课外活动是学校教育的组成部分。校外美术活动是课外美术活动的有机组成部分，是指由校外教育机构或组织对学生进行的美术教育活动。作为教育活动的一种重要形式，中小学应该积极创造条件，有计划地开展多种形式的美术课外活动。而作为中小学美术教师则应该具备组织、指导课外美术教育活动的能力，认真负责地开展美术课外的教育活动。

二、中小学美术课外活动的目的和意义

美术课外活动的内容和形式是丰富多彩的，开展美术课外活动能活跃学生的文化学习生活，能深化学校美术教育的追求，促进学生全面素质的发展。通过开展美术课外教育活动能丰富审美教育的层次，满足学生发展综合素质的需要，开阔眼界，有利于开发学生美术方面的才能，为发现和培养美术人才服务。而且，美术课外活动开展得好与坏，已成为评价美术教师、学校美术教学、学校艺术教育乃至素质教育工作的重要因素。因此，中小学校应积极开展课外美术教育活动，充分利用学生的课余时间和校外教育阵地，组织美术活动小组，举办美术专题讲座，开展美术实践活动，发展学生的美术兴趣和特长，丰富他们的精神生活，优化他们的文化教育环境等，这些就是开展美术课外活动的目的。开展中小学美术课外活动的目的和意义还可以归纳为如下四点：

（一）进行综合素质教育，促进学生全面发展

在美术教师的指导下，通过丰富多彩的美术课外活动，可以对学生进行美育、德育、智育和综合素质教育，能开扩眼界，增长知识，培养高尚的思想品德情操，能造成学生的情感态度、价值观方面的积极变化等。同时也可以发展学生的观察、记忆、想象和美术造型的能力，引导学生认识中国和世界优秀的美术文化，增强他们的美术欣赏能力。让学生感受美、理解美，在日常生活中以健康的审美观点来认识和辨别周围的事物，逐渐形成高尚的情操和品格。因此，美术课外活动是一种很好的教育形式，它是进行综合教育，促进学生全面发展的有机组成部分。

（二）补充和延伸中小学课堂美术教学

开展课外美术活动，会对课堂美术教学产生积极影响，能充实学校美术教育工作，是课堂教学的补充和延伸。学生通过参加美术课外活动，可以把课堂中获得的美术基础知识和技能，在课外自觉地加以巩固、充实和提高，进一步开阔学生的眼界，提高知识技能的深度和广度，增强对美术的浓厚兴趣和爱好。由于中小学美术课堂教学的时间较为有限，因此，美术课外活动能为课堂美术教学提供必要的补充。让爱好美术的学生，在美术课外活动中

更快成长,跳出课堂的知识局限,满足他们的求知欲望等,而使课外美术教育活动成为因材施教的一种良好方式。

(三) 美化环境,丰富校园文化生活

在开展美术课外活动过程中,教师把一些对美术有兴趣的学生组织起来,发挥他们的特长,可以起到学校美术工作队的作用。比如学校的中心工作的宣传、校园环境的美化、团队活动的布置、节假日活动的装饰等,组织他们出墙报、写黑板报、画宣传画、写标语口号、布置各种展览等,这些工作都是与美术课外活动分不开的,通过这些美术活动,体现学以致用的原则,不仅可以巩固提高学生所学的美术知识技能,而且有利于学校各项教育工作的开展,活跃学生的学习生活。

(四) 培养美术才能,为专业院校培养人才

中小学美术教育主要是为了对所有学生进行审美教育,而不是为了培养美术专门人才。当然,并不排除在其中发现对美术有特别兴趣和爱好的学生,对其进行培养、教育而输送到高一级美术学校的可能性,这也是因材施教教学原则的体现。因此,为专业院校培养美术人才的使命主要应该由美术课外活动来完成。

第二节 中小学美术课外活动的组织与辅导

延伸和丰富课堂教学的美术课外活动,要以培养学生的综合素质和发展智能为重点,要加强美育,提高艺术鉴赏能力,促进知识的学习和技能的训练,培养和发展学生美术创作才能等,要恰当地安排各种学习活动。

美术课外活动可根据情况采用不同的组织形式和活动方式。为了保证教师把主要精力用在课堂教学上,组织形式不宜过多,教师要加强美术课堂教学与美术课外活动的内在联系,有些美术课外活动可以让学生自己开展。组织形式和活动方式的选择,应根据学校、学生和教师等各方面条件和需要,做全局的考虑和安排。

一、中小学美术课外活动的组织

中小学校的美术课外活动可分为群众性活动、小组活动和个人活动几种形式。而课外美术活动的最主要的组织形式是美术活动小组。为了使一部分有特殊美术才能和兴趣的学生得到较多的学习机会，可以组织美术课外活动小组。学生参加美术课外活动小组应本着自愿的原则，并要考虑到学生的年龄和年级特点，教师还要根据学校的具体条件，妥善规划。每个美术课外活动小组人数不宜过多，一般以12~18人为宜，要选出组长和副组长，制订学习纪律和学习计划，要安排固定的活动地点和时间。小组的活动安排应当服从学校的全面计划，小组活动时间的确定要符合学校的有关规定。同时，课外美术活动可以整合其他学科的相应内容，促使课外美术活动小组有更大的活动空间。

根据参与活动人数的不同，美术课外活动主要可以选择以下三种组织形式：

其一，群众性的美术教育活动。这是指参与美术教育活动的人数较多的活动组织形式。这种组织形式的具体内容多种多样，如参观各种美术作品展览，观看各种艺术成果展示，观看专题美术电视、电影、录像，邀请美术家举办讲座和各种绘画表演，组织学生举办美术作品展览，举行主题班会，参观工艺美术厂，参观艺术性主题公园等。这样的群众性美术教育活动能充分调动大多数学生的美术学习积极性与审美兴趣，能较广泛地对学生进行审美教育，丰富并拓宽课堂美术教育的内容。

其二，美术兴趣小组活动。作为课外美术教育活动最普遍的基本组织形式，它是依据学生美术学习的兴趣和爱好而组建的，可细分为水墨画、手工制作、儿童卡通画、版画、设计、素描、速写、水彩、折纸等兴趣小组。兴趣小组的人数不宜过多，每组8~10人为宜，可以多分几个组。

其三，个别学生的美术教育活动。通常是在教师的指导下，对个别学生进行的美术教育活动形式。个人美术活动的组织形式具有较大的灵活性，时间、地点、内容的安排可以依据学生的实际情况来确定与实施。施教的教师可以是学校的原任教师，也可以由校外有经验有资质的教师或者是最了解学生情况的家长担任。教师上门家教、学生登门求教或外出写生等都是学生个人美术教育活动的具体体现。个人活动往往与小组活动是相互补充而进行的,可以最大限度地发展学生的美术才能。其中,学生的自主学习和探究更是一种难得的美术自我教育活动。

课外美术教育活动的三种组织形式是相辅相成、互相渗透的关系,群众性活动是小组活动和个人活动的重要基础,而小组活动和个人活动又成为群众性美术活动的技术支持和发展动力。因此,课外美术教育活动依托不同组织形式,造成了课内外相结合、校内外相联系、普及与提高相促进的美术教育状态。

二、中小学美术课外活动的内容

中小学美术课外教育活动的内容丰富,大致可分为三类:

其一,以增强美术知识文化修养,陶冶高尚情操为主的活动内容。例如春游、秋游、参观名胜艺术古迹和植物园、美术作品欣赏、美术知识讲座、参观各种艺术展览、拜访艺术家、参观附近的各类工艺美术作坊等,在这类活动中都包含上述内容。通过活动,增强学生的美术知识文化修养,加深学生对自然美、人文美、社会美、艺术美的认识和感受,接受审美的教育,陶冶情操,完善人格,促进学生的全面发展。

其二,以培训和发展美术方面的技能技巧为主的活动内容。有水墨画、素描、速写、版画、儿童卡通画、水彩画、电脑绘画、剪纸、折纸、刺绣、泥塑陶艺、编织、纸工、木工等五花八门的内容,具有很大的现实性与广泛性。这类美术课外活动的内容往往比较系统,如各种美术门类的技法技巧、手工制作的方式和技法等。其主要教学目标是,通过活动组织指导学生进行特长训练,提高学生的美术技能特长,增强表现能力和创作能力。

其三,随机安排的美术课外活动内容。例如,与外校的美术交流、参观美术活动表彰会、联谊会、组织夏令营、现场美术表演、各类美术竞赛等,这类活动涉及的因素较多,是难以事先完全确定的,具有随机安排的特点,这类活动虽不是很多,但对学生的影响是很大的。运用所学习的美术知识、技能,参与社会实践,在实践中学习锻炼,让学生在一种相互影响、竞争的条件下使美术方面的各种才能得到发展。这一类活动一般宜选拔那些美术基础较好的同学去参加。

三、中小学美术课外活动的表现

　　课外的其他美术活动，不仅局限于美术课外小组所开展的活动，还有些是群众性的美术活动。开展这些美术活动，对大多数学生加强美育，提高美术鉴赏能力，增长美术知识和技能，具有普及意义。

　　全校性的学生美术作品展览。举办全校性的学生美术作品展览，应该结合重大节日活动或重要事件来进行。比如"六一卡通漫画展""迎国庆美术作品展""迎奥运宣传画展""抗震救灾主题画展"等。也可以安排在期末，结合各科作业同时进行汇报展览。开展这样大型的群众性展览活动，美术教师一定要事先做好计划，取得学校领导的支持，选好展出的场地。作品的内容可以多种多样，比如课堂习作、课外创作、结合节日的主题性作品等，教师还要特别注意对学生进行思想动员和作品的搜集工作，以保证作品的质量。美术作品可按年级或画种等进行分类展出。展出后要有计划地组织全校师生或邀请学生家长参观，并做好对美术作品的评选工作。对评选出的优秀美术作品应给予一定的物质奖励或精神奖励。美术教师可以将选出的优秀作品向有关报刊、杂志、展览会或出版部门推荐，还可以邀请有关宣传媒体给予宣传和报道。

　　美术课外活动小组作品展览。为反映美术课外活动小组的学习成果，鼓舞和促进组员学习的积极性，同时也激发全校学生对美术课学习的兴趣和爱好，应该定期举行阶段性的美术课外活动小组内部观摩展览，以及面向全校师生的美术课外活动小组作品汇报展览。为了搞好这种展览，以收到良好的展出效果，美术教师要帮助美术小组做好展前的准备工作，选出一批较好的课外作业，把好展出作品的质量关，还要注意展出作品形式的多样化。

　　课外美术作品展出的评比。为了促进这项活动的开展，可以组织班级间的或全校性的专题专项美术作品、板报、橱窗设计的竞赛评比等。根据活动内容安排，要及时地进行检查和指导，合理运用评价方法，给予积极的评价。此项活动能有效地激发学生参加课外美术活动的主动性和积极性，是扩大学校美术教育的影响的有效方式。

　　参观美术作品展览。美术教师有计划地组织学生参观美术作品展览，是向广大学生进行审美教育，以开阔视野、陶冶情操、提高艺术素养和审美能力的重要途径。为了取得参观的良好效果,要利用节假日或课余时间,安排好参观行程。参观前,要向学生进行交通安全教育和组织纪律教育。参观过程中,教师要做好引导、分析、解说等工作,以加深学生对艺术作品的理解,还可以让学生做好笔记,以便事后组织讨论。

访问美术家或艺术家。组织学生访问美术家或艺术家,是一种很有意义的教育活动。这种活动要事先联系安排并明确访问的内容,受场地的限制,参加的人员一般不宜过多。在访问中,可请美术家或艺术家讲解有关美术或艺术活动的社会意义,介绍他们刻苦学习的情况,也可以欣赏他们的作品,或请他们当场作示范和表演等。访问美术家或艺术家的活动应在条件许可的情况下组织进行。

户外写生活动。这是一种很能激发学生学习兴趣的集体性美术课外活动,美术教师应该组织学生外出写生。有条件的学校,可利用节假日或寒暑假期等组织学生到风景区旅游,参观名胜古迹,欣赏大自然和建筑艺术的美,同时进行风景写生。通过户外写生活动,既能增长学生处理个人生活的能力,又能增强学生之间的团结、互助和友爱的集体观念。在户外写生活动期间,教师要特别注意安全教育,对学生的学习、生活、组织纪律、活动安排等全面负责。

观看美术影视和录像。在教学条件允许的情况下,可组织学生观看美术电视、录像和电影,这是一种很好的美术课外活动形式。随着现代教学设备的迅速发展,为开展这种活动提供了可行性。因此,美术教师应该积极创造条件,充分利用现代化的教学手段。例如,组织学生观看各种类型的美术教学片、美术资料片、美术动画片等。美术教师利用现代化的手段教学,形象直观、生动活泼,有利于激发学生学习的积极性和主动性。学生对组织这种活动比较感兴趣,往往能收到事半功倍的良好教育效果。

由上可见,美术课外活动目标追求与美术课堂教学目标是一致的,主要体现在以下几个方面:为了提高学生的造型表现方面的能力;为了提高学生的审美鉴赏能力;为了加强学生的表现应用方面的能力;为了培养学生的设计应用方面的能力;为了拓展学生的综合素质等。

四、中小学美术课外活动的辅导

美术教师不应该把对中小学生的美术课外活动辅导工作当成额外负担,更不应该忽视这一项工作的重要性。必须认识到,在美术课外活动中无论是进行综合素质教育,还是进行美术知识技能的培养,同课堂教学的教育原理都是一致的,而且美术课外活动中的教育因素要比课堂教学丰富得多、生动得多。美术教师不仅要关注学生在美术课堂上的学习,而且要加强对学生美术课外活动的辅导。教师还应认识到,美术课外活动小组成员是普及群众性美术活动中的骨干力量,是美术教师配合学校开展宣传教育工作的得力助手和突击队。因此美术教师要积极创造课外美术活动的条件,加强美术课外活动的辅导。搞好美术课外活动的辅导,应该做好以下几方面工作:

要有明确的美术课外活动计划。美术教师应该计划安排本学年或本学期要开展的具体活动,要落实经费、物质和材料,要安排地点、时间和活动方式等。要像美术课堂教学一样认真设计和执行这一计划。

要取得学校领导和有关方面的支持。将美术课外小组的活动纳入学校素质教育和美育的轨道,纳入学校总的活动日程。将美术课外活动工作置于班主任以及学校各方面工作的同志的积极支持下,就会发生和谐作用,使教育教学形成合力。

要合理分工,责任到位。开展美术课外活动要落实工作责任,层层负责。做好教师的分工,要落实外聘教师,确定小组成员以及各学习组的组长。美术教师要激发学生的学习积极性和主动性,把指导性活动计划变成学生自己的要求和行动。

要充分发挥学生骨干的作用。美术课外活动小组,是学生自愿参加的自发性组织。在活动中,虽然也需要有教师的辅导,但不同于课堂教学,教师除了在组织管理、方法原理、知识技能等方面做必要的辅导之外,它主要是依靠学生独立地、自觉地去活动,因此,教师必须充分发挥学生在活动中的主观能动作用,尤其是小组长和学生骨干,要起模范作用,带领组内同学积极开展活动。可以用高班辅导低班,老组员带新组员等多样灵活的方式进行,引导学生共学互教,广泛交往,收到良好的效果。

要注意活动内容的思想性、丰富性和趣味性。在美术课外活动中,教师要帮助学生拟订活动计划，注意活动内容要丰富，形式要多样，使学生乐于参加，以增强学习兴趣。同时，还要注意活动内容的思想性，使学生在活动中受到教育。

要经常检查，及时指导。在学校美术教育工作中，美术课外活动小组能起示范作用。指导教师要认真负责，及时进行指导，经常检查学生的活动情况，使美术课外活动小组日益巩固、发展和提高。指导教师应该经常了解学生各门课程的学习成绩，加强思想品德教育，帮助学生建立必要的制度，创造良好的活动条件，及时解决活动中存在的问题。

定期总结，及时汇报。美术教师应该定期总结课外美术活动情况，及时向学校领导汇报。每次活动结束时要做小结，期末和学年末要做全面性的总结，应肯定活动的成绩，找出存在的问题，指出今后努力的方向。同时，还要举办学生美术作品展览，作美术课外活动成绩汇报，要评选优秀作品，表扬和奖励美术课外活动积极分子等。

第三节 中小学美术课外活动的教学与实施

一、中小学美术课外活动小组的教学方式

室内外相结合，进行美术基础训练。基础训练是美术小组活动的主要方式，一般是在室内进行技能训练，如色彩写生与图案设计等。为更有益于开阔视野、丰富知识、激发绘画激情等，在室内进行训练的基础上，也可以利用节假日或适宜的时机，组织小组成员到室外进行有针对性的写生练习。

集体授课与分散活动相结合。集体授课如同班级上课，应有固定的美术教室。美术课外活动小组就是新的学习集体，应在学校规定的时间内，按照教学计划、活动内容进行学习和训练。分散活动，是在学校规定的时间之外，学生按教师的布置和要求，在课余时间分散练习。集体授课与分散活动相结合是美术课外活动的突出特点。

定期评价业余习作。美术小组集体活动时间必定是有限的，小组成员在课余时间分散练习的作业，美术指导教师应该定期检查、指导和组织评价。

组织小型画展。这既是美术课外小组活动成果的汇报,也是美术课外活动小组通过选画、装裱和布置,使小组成员得到多方面的锻炼的一种方式。

组织参观美展。组织美术课外活动小组成员参观美展,可以开阔他们的美术视野,提高鉴赏能力,吸取表现技巧,启发形象思维,开拓创作思路,提高构思构图能力。参观美展时,教师应对他们进行讲解和引导,让他们发表对作品的看法,使其熟悉美术现象,认识美术文化,培养健康的审美观念。美术作品对学生具有潜移默化的影响。

二、注意把握兴趣发展与其他文化课的关系

据调查,有些美术课外活动积极分子和小组成员,虽然他们有志于将来从事美术工作,但文化课成绩并不高。为了解决这个问题,美术教师要帮助学生分配好美术训练与文化课学习的时间。初中一、二年级,虽然各门功课很多,但学生精神压力较小,适当地在课余时间进行美术基础训练和自行练习,有利于美术基础的提高,也不会占用各门功课的学习时间,影响其他文化课的学习。进入三年级后,学生面临毕业升学,精神压力较大。如果这时不加节制地练画,势必影响其他课业的学习成绩。因此,对初中学生的课外美术基础训练应从一年级开始,二年级要抓紧,三年级要适度。高中阶段美术学习的时间很少。对于要报考美术类大学的学生必须严格计算好时间,在美术教师的指导下,制订切实可行的美术学习计划,提升学习效率,合理利用时间。

分析美术课外活动小组一些成员文化课学习成绩偏差的原因,是帮助他们搞好文化课学习的关键。我们应该看到,其实他们都很聪明,理解能力也很强,而且富有个性和自信,但就是学习成绩较差。其主要原因是:

兴趣过于集中,学习时间分配不当。学习成绩偏差的学生,往往是兴趣集中于绘画。绘画是技巧性很强的技能,需要花费大量的时间进行练习,例如一幅静物写生往往需要几个甚至几十个小时才能完成。美术小组的学生一旦兴趣集中于绘画,往往平时想的是画画,手上也不停地练画,甚至文化课上也偷偷地画,他们容易被自己的兴趣所左右,而不会合理地安排学习时间。

思想认识片面,轻视基础文化课学习。不少学生认为自己反正是报考美术学校,将来搞美术,用不着理科知识,所以放松对理科的学习,在文科中

也只重视语文,还不愿意学习外语和数学,嫌它们占据自己画画时间等。轻视文化课的思想一旦形成,学习就会放松,甚至会产生厌烦感,在学习态度和学习成绩上就会反映出来。导致学生思想认识片面的原因,一是对基础文化学习的重要性认识不足,二是受过去高等艺术院校招生不重视文化课的影响。为了改变美术小组成员学习成绩偏差的现象,美术教师既要进行重视文化课学习的教育,还要采取以下方面的措施:

其一,与家长、班主任联系,互相密切配合。美术教师要与班主任、学生家长进行必要的联系,共同做学生的思想工作,检查、督促其文化课的学习,帮助他们克服学习中遇到的具体困难,促使学生合理支配各学科的学习时间,家长尤其要安排好子女在家的学习时间。

其二,开展"做一个有高度文化修养的艺术家"的理想教育。美术小组的学生一般都有当画家、艺术家的理想,要针对学生的理想进行教育。让学生明白艺术的创造需要文化知识做基础。艺术学习进步的速度取决于理解,文化基础差理解能力也不会强,将来就难以做更深入的学习研究和创造。绘画虽然要掌握技巧,但更重要的是表达思想与感情,绘画达到一定程度后,文化修养就会成为艺术创造和成就的决定因素。任何时代的大画家都是时代文明的代表。

其三,相应的组织措施。个别美术课外活动小组成员,对绘画兴趣过浓,废寝忘食,不择时间地练画,以致影响其他课业的学习,就有必要采取强制性措施,促使其文化课成绩的提高。例如停止美术小组学习,要他补上功课,待各科文化课成绩提高后,再吸收他进入美术小组活动等。

三、举办小型美术展览应该注意的问题

学校的任何活动都应对学生起教育作用,因此,举办小型美展要注意以下几个方面:

1. 作品的选择

全校性的优秀作品展览,应该面向各个班级,各班作品数量不要差距过大,更不要轻易丢掉某一个班。学生将班级入选作品的多少,往往视为班集体的荣誉,因此,美术教师不可低估学生的这种心理状态;各班级的优秀作品展览,选画不必过严,应该照顾学生的进步幅度与完成作业的态度,起到

鼓励的作用；美术课外活动小组的作品展览，作品选择要相对严格，使其起到示范作用。对水平超常学生的作品可以严选多展，使其产生激励作用。

2. 作品的装裱

美术作品展览之前，美术教师应当指导学生对美术作品进行适当的剪裁和衬托。如果学校备有镜框，效果会更好，要注意衬纸的选择，以及作品放在镜框内的位置等，要给人以美感。装裱作品如同人的着装打扮，通过装裱衬托，突出了作品主题，能起到提神美化的作用。由于中小学的财力有限，装裱作品不可能过于讲究，要量力而行。

3. 作品的布置

展览作品的布置要考虑到展出地点和展览设备。如在走廊挂镜框的展出，要注意镜框高低大小的安排。如在橱窗内展出，要注意整个橱窗的衬纸，画的位置和布局。若在阅览室内展出，要注意布置得与室内环境协调。

4. 前言的撰写

面向全校性的美术作品展览，要撰写前言。前言的作用是不可忽视的，它具有指导性，是思想教育，也是审美教育。前言可以由美术教师自己写，也可以请学校领导或有关教师撰写。前言的文字要简练优美，抄写要工整，要有艺术性。

5. 海报的宣传

海报是一种宣传形式。精心设计的海报，能以优美的形式传达相应的信息，引人注目，振奋人心，海报创作本身就是一种审美教育。因此，应该认真对待学生美术作品展览的海报，最好由教师和学生共同设计和绘制。

6. 优秀作品的收藏

优秀的学生美术作品学校要予以收藏，或存放于美术教师处，或存放于图书馆。这些作品是学校美术教育成绩的形象资料，是下一届学生学习的范画。对于收藏的优秀的美术作品，可以长期展挂于学校的相应场馆，供师生欣赏。要以学校的名义发给"收藏证书"，可以使学生感受荣誉，体验成功，受到激励。

总之，美术教师要善于选择有利时机，有预见性地安排时间，组办好小美展。

四、举办美术讲座应该注意的问题

由于中小学美术课时有限,而为了丰富学生的文化生活,提高学生的艺术修养和文化素质等,中小学校应该重视开展"美术讲座"活动。一些中小学校的实践表明,举办美术史讲座或介绍某种艺术的专题讲座,很受学生和教师的欢迎,效果很好。有的中小学校利用团队活动时间,邀请美术教师定期举办美术讲座,使团队活动搞得富有生气。美术讲座的内容是多方面的,如"摄影与美术""卡通动漫创作""身边的美术""民间美术欣赏""生活时尚服饰""速写技法""当代美术思潮""工业设计与美术创作""中外美术作品欣赏"等。准备讲座的过程,也是教师专业理论提高的过程。中小学美术教师应将举办"美术讲座"视为分内工作。当然,作为中小学的美术教师要经常开展多项专题的美术讲座是有困难的,但是可以利用社区的美术教育资源来开展美术教育,可以用请进来的办法,请同行、专家、从事美术工作的家长共同来参与"美术讲座"的教育活动。

五、美术课外活动可开发与利用的教学资源

中小学校应配备一定的美术教学设备与器材,最好能配置美术专用教室,并提供储藏教具、工具、材料的场所以及展示学生美术作品的场所。有条件的学校应配置可供美术课使用的多媒体教学设备。

中小学校的图书馆应配备一些美术书籍和其他美术资源,包括教师参考书、学生参考书、美术杂志、美术教育杂志、幻灯片和光盘等,供教师备课及上课,学生收集、查阅资料以及自学或合作学习时使用。

中小学美术教学应广泛利用校外的各种课程资源,包括美术馆、图书馆、博物馆、文物资源、艺术家工作室等。中小学校应与社区携手,开展多种形式的美术课外教育活动。

有条件的中小学校应积极开发信息化课程资源,充分利用,获得最新的美术教育资源,开发新的教学内容,探索新的教学方法。例如,网络技术为开展学生之间、学校之间、省市之间甚至是国际之间的美术作品展览提供了可能,美术课外活动将迈上一个更为广阔的交流平台。

六、中小学美术课外活动的指导方法

（一）指导中小学美术课外活动应遵循课堂美术教学的基本方法

根据美术学科的特点，美术课外教育活动指导同样应该遵循课堂美术教学的基本方法：讲述法、问答法、讨论法、演示法、观察法、比较法、练习法等。但是，美术课外活动毕竟不同于课堂教学，更多的是在教师指导下的艺术欣赏和美术创作，因此，美术课外创作指导法就显得尤为重要。例如：

节日布置指导方法：教师事先准备好材料和手工制作用具。先根据大家的意见确定装饰布置的具体方案，然后分工协作，完成后进行总结评价。

陶艺指导方法：美术教师应事先与陶艺工厂约好参观的时间、项目、路线和交通工具等。陶艺参观活动应按计划有序地进行，不能影响工人们的正常生产。在参观过程中应有意识地指导学生重点记住陶瓷产品的制作过程。在制坯车间还可与师父商量，让学生也动手感受陶泥、瓷泥，将学生捏出的土坯煅烧制成陶艺、瓷艺成品让学生带回。目前，有许多学校已经有了自己的陶艺教室，这就更有利于学生的学习。

计算机绘画指导方法：中小学美术教师应事先同计算机室联系，请专门教师进行技术指导。中小学美术教师最好自己也能熟练运用有关软件，并能进行电脑绘画或设计的教学和指导。教师可巡回指点学生的操作绘制过程，作品完成后，可用彩色打印机将其打印出来，并举办展示、评比活动等。

编绘手抄报指导方法：教师提出手抄报的主题与编绘要求，通过指导观摩其他报纸的样式特点，分步进行报纸的排版、标题、书写、插图等过程，直到完成。然后张贴、评比，肯定好的地方，指出不足之处。这个活动可能需要较多的时间才可完成，教师可分数次做好指导工作。

绘画创作指导方法：面对家长或学校总希望孩子能有进步，美术作品能参加美术竞赛或展览，能取得优异成绩的需求，中小学美术教师对美术活动进行辅导时，会出现不同的倾向，有的美术教师以自我为中心，让学生完全按照自己框定的范围发展，注重技术的传授，表现出传统式的教学追求；有的美术教师以愉悦为目的，让学生自由自在、无拘无束，实行的是放任式的教学；有的美术教师用成人的艺术思想观念与现代美术思维去影响中小学生，执着于纯艺术式的教学。当然，尊重学生的个性、激发学生的悟性、开发学生的潜能，让学生均衡发展是更多的中小学美术教师非常注意的问题，并采用相应的教学辅导方式。

（二）尊重中小学生个性，进行开放式教学辅导的步骤和方法

确立教学辅导的根本目的在于：培养学生学习美术的浓厚兴趣，提高综合素质与能力。通过绘画学习，使学生能大胆地用绘画语言表现自己的生活、愿望、情绪，与人交流，发展自我；进行观察、感觉、想象、创意思维的训练，不仅仅是为了发挥艺术方面的才能，还利于思想、品质、意志力、好奇心、独立性等非智力因素的发展；要注意不同学生的年龄特点与程度差别，使每一个学生都在原有的起点上有所进步。通过努力，就算不能参展或获奖，但这些创造的经历与艺术审美的追求都会积淀为美术修养，会使学生受益终生。

把握教学辅导的三个阶段：其一，激发兴趣，产生愿望。很多中小学生并不是一开始就对美术很感兴趣，需要通过教师的示范、演示，学生的表演，作品的欣赏介绍等来诱导激发他们的学习愿望。中小学教师的综合素质与能力起很大作用。边讲边画，声、情、行、貌等都具有鼓动性。其二，由浅入深，稳步提高。通过一段时间的兴趣培养后，可以让不同程度的学生在各自的基础上进行系列学习与训练，尊重学生的爱好和兴趣，由浅入深、从简到繁地进行观察、记忆与表现。在这个过程中，可适当渗透形式美感与审美意识方面的知识，应使这些知识通俗化，让学生理解明白。禁止对学生作品采用对错式的终极评价方式。要少干涉，多建议，顺其自然，在训练过程中要从始至终地保护学生的学习兴趣，以激发学习的自主性和积极性。其三，张扬个性，保持风貌，让学生逐渐保持自己的绘画个性和作品风貌。经过较长时间的训练和影响后，学生的兴趣浓厚，认识与表现等综合能力有所提高，接着辅导的重点应转移到发展学生能动的记忆力、想象力和创造力上。这一时期要特别注意学生个性倾向特征的爱护，帮助他们认识自己和自己的创作，使之朝自己风貌的方向发展。这个阶段就是真正意义上的开放式创作辅导，在教师的精心辅导下，学生能创造出很多具有魅力的美术作品。

进行开放式教学辅导时应注意：

多肯定学生的作品。学生对自己的作品，缺乏鉴别优劣的能力，不知作品好在哪里，不足在何处，更难理解那些受表扬的作品为何能参展、获奖、发表。这些都需要中小学美术教师具有较高的文化艺术修养与审美评价能力，

能客观、公正、具体地去评价他们的作品，使他们在相互交流、竞争的心态中将学习与创作结合得更好。

多方面学习并举。每一个学生都不可能在很多时间内单一地学习美术并进行训练，而是需要有多种学习形式与学习内容的调剂，与美术内容相关的故事、生活逸事等都可以是辅导美术创作的鲜活内容，对此学生很欢迎，也乐意接受。美术知识与学生的生活经验相联系会相得益彰，使学生有多方面的收益。

多形式进行授课辅导。单一的教学形式总给人单调乏味之感，或多或少会影响学习效果和创作积极性。室外观察、参观、室内写生、讨论、学生示范表演、变换教学节奏和方式等，都会给学生一种不同寻常的启示与思路，使他们的灵感在变换的学习形式中有所呈现，都可能激发表现热情，丰富表现手段，促生好的美术作品。

多与家长交换美术教学的意见，帮助正确对待儿童的美术学习。不少天资聪慧的儿童，由于家庭的盲目干涉、指导，失去了很多有价值的东西。经常同家长交流，请他们旁听，让他们提高自身的认识水平，少干预学生的创举，将会使学生的美术学习与绘画创作顺利进行。要重视家庭对儿童的直接影响，因为开展课外美术教育必须取得多方面的理解和支持才行。

（三）普通高中开展美术课外活动的相关提示

普通高中美术课程标准中明确指出，目前普通高中美术课程受师资和设备条件的影响极大，现阶段各学校可根据自己的实际情况开设美术学习模块中的部分课程。由此本书在美术课外的活动一课中加入了"高中美术课外学习活动建议一览表"（请见课后），供不同环境和条件的高中学校在开展课外美术活动课程时作为参考。

举办高中美术课外学习培训活动，有两点要注意：

除高考美术培训班之外，其他的美术兴趣班不能办成技能强化班。

有些美术兴趣班，对学习用具材料要求高，经费开支大，在一定程度上会影响学生选择与参与的积极性，因此举办此类美术兴趣班要把握办班的规模与尺度，不能无计划地增加学校或学生的经济负担。

中小学校学期课外美术教育活动计划

周次	日期	活动内容	活动准备	地点
1		开学		
2		自愿报名和选拔活动小组同学与班主任协商	与班主任协商	
3		举办美术作品欣赏讲座美术室	布置学期活动计划	美术室
4		想象画："有意义的星期天"	色笔、画具等	美术室
5		创作指导：如何构图	色笔、画具等	美术室
6		创作指导：如何取景	色笔、画具等	美术室
7		主题创作："快乐的校园"	色笔、画具等	美术室
8		观察、写生、默写	单色笔	校园里
9		组织参观：博物馆或美术馆	速写本（夹）	校门口出发
10		创作指导："我的家乡"	速写工具	校园里
11		看录像："中外青少年美术作品欣赏"	笔记	电教室
12		写生：校内外的风景	色笔、画具等	校门口集合
13		"校园文化活动中心"的设计方案	色笔、画具等	美术室
14		主题创作："欢庆奥运会"	色笔、画具等	美术室
15		学年度美术作品展及美术活动总结	展示作品	美术室
16				

负责人： 年 月 日

参考文献

[1] 高特木乐作. 美术教育与审美教育研究 [M]. 长春：吉林出版集团股份有限公司，2023.03.

[2] 儿童美术欣赏教育研究 [M]. 北京：教育科学出版社，2023.02.

[3] 付永军作. 美术教育的发展与创新研究 [M]. 长春：吉林出版集团股份有限公司，2022.12.

[4] 格根萨仁著. 中小学美术教育的理论研究与实践探索 [M]. 北京：中国书籍出版社，2022.07.

[5] 齐柠. 美术教育与文化发展研究 [M]. 北京：线装书局，2022.

[6] 董玲. 传统美术在现代美术教育中的探索 [M]. 长春：吉林美术出版社，2021.

[7] 王利明. 走向自由表达 幼儿美术教育的思与行 [M]. 天津：天津教育出版社，2021.

[8] 王文寰. 义务教育美术教师能力提升研修指南 [M]. 西安：陕西人民教育出版社，2021.

[9] 张雪晶著. 高中美术教育理论与发展研究 [M]. 延吉：延边大学出版社，2020.09.

[10] 曾新华，杨帆，乔永顺. 小学教育实用美术 [M]. 长沙：湖南师范大学出版社，2020.09.

[11] 王丹，张蒙，章璇著. 美术教育与审美艺术 [M]. 南京：江苏凤凰美术出版社，2020.08.

[12] 周庆伟著. 新时代生态美术教育研究 [M]. 北京：中国商务出版社，2020.08.

[13] 孟研，邢开源著. 当代美术教育创新发展研究 [M]. 长春：吉林美术出版社，2020.08.

[14] 韦联华著.美术教育与民族文化传承创新[M].长春：吉林美术出版社，2020.07.

[15] 现代美术教育理论与技法创新[M].长春：吉林美术出版社，2020.07.

[16] 靳香怡.中小学美术教育的价值回归：以美育人[J].华夏教师，2022，（第26期）：19-21.

[17] 王子林.核心素养理念下农村中小学美术教育探析[J].长春师范大学学报，2022，（第6期）：160-162.

[18] 吴丽蓉.浅论中小学美术教育的有效教学[J].读天下，2019，（第16期）：265.

[19] 王琼.分析中小学美术教育创新思维的培养与训练[J].新教育时代电子杂志（教师版），2021，（第20期）：56.

[20] 孙国华.将民间美术融入中小学美术教育中[J].艺术评鉴，2021，（第15期）：108-110.

[21] 景迎春.西部乡村中小学美术教育现状及对策研究[J].新课程，2021，（第11期）：105.

[22] 裴晓影，康帆.乡镇中小学美术教育的发展与策略探究[J].文艺生活（下旬刊），2021，（第7期）：228-229.

[23] 陶新玥.布艺课程在中小学美术教育中的应用[J].吉林省教育学院学报，2021，（第3期）：63-66.

[24] 杨思.浅谈中小学美术教育[J].北方文学，2017，（第23期）：156-157.

[25] 严泽.在中小学美术教育中融入生活教育的策略探究[J].新教育时代电子杂志（教师版），2023，（第10期）：4-6.

[26] 董汝佳.浅谈有效提升中小学美术教育质量[J].长江丛刊，2020，（第33期）：9，31.

[27] 宋国衡.中小学美术教育中存在问题剖析及对策研究[J].学苑教育，2020，（第14期）：95.

[28] 金梅.中小学美术教育中的民间美术资源的运用分析[J].河北画报，2020，（第24期）：246-247.

[29] 葛金婷. 中小学美术教育与校园文化的有机结合 [J]. 戏剧之家, 2020, (第 23 期): 176-177.

[30] 欧阳林敏. 农村中小学美术教育的存在问题与对策分析 [J]. 河北画报, 2020, (第 20 期): 191.

[31] 顾峰旗. 中小学美术教育中的审美能力和思维意识 [J]. 清风, 2020, (第 14 期): 53-54.

[32] 肖云, 吴涛. 压花艺术实践课程融入中小学美术教育的研究 [J]. 颂雅风, 2020, (第 10 期).

[33] 王嘉楠. 浅谈提高中小学美术教育质量的有效措施 [J]. 教育教学论坛, 2020, (第 6 期): 222-223.

[34] 洪虹. 课程思政视域下中小学美术教育改革路径研究 [J]. 大众文艺, 2022, (第 10 期): 142-144.

[35] 冯桂宝. 刍议中小学美术教育中的片面性 [J]. 文学教育, 2019, (第 21 期): 176.

[36] 葛诗婕. 中小学美术教育中存在问题剖析及对策研究 [J]. 科技视界, 2019, (第 18 期): 142-143.

[37] 杜孟蓉. 新课程改革下的中小学美术教育探索 [J]. 山西青年, 2019, (第 17 期): 88-89.

[38] 冯伟伟. 探究核心素养下的中小学美术教育观 [J]. 新课程(上), 2019, (第 11 期): 24-25.

[39] 张译丹. 浅谈乡村振兴背景下中小学美术教育与乡村民俗文化的互融再构 [J]. 新教育时代电子杂志(学生版), 2021, (第 50 期): 166-168.